空

• 반야심경 읽기

空 · 반야심경 읽기

서정형 지음

공감과소통

서문

몇 해 전 친구로부터 '읽어볼 만한' 〈반야심경〉 해설서를 추천해달라는 부탁을 받았다. 나름대로 오래 불교 공부를 해온 친구라서 다소 의외였다.

"아니, 불교에 입문한 지가 언젠데 아직도 〈반야심경〉의 해설이 필요한가?"

그러나 한편으로는 그럴 수도 있겠다는 생각이 들었다. 불교 공부는 핵심에 진입하지 못하면, 마치 무딘 과도가 사과의 단단한 껍질을 파고들지 못하고 미끄러지듯이, 제자리걸음을 하게 마련이다.

여하튼, 다른 것도 아니고 공부를 하겠다는데 거들지 않을 수 없었다. 하루 날을 잡아서 시중에 나온 책들을 들춰보았는데, 추천해줄 만한 책은 눈에 띄지 않았다. 개중에는 空에 대한 이해가 미흡하거나 잘못된 책도 적지 않았다. 〈반야심경〉을 너무 가볍게 여기는 게 아닌가 의심되기도 했다. 글자수는 300자가 못 되지만 그 속에 팔만대장경이 다 들어 있지 않은가!

생각 끝에 그 친구에게 문자를 보냈다.

"내가 쓰는 거 읽어봐라."

이후 웹페이지에 몇 개월에 걸쳐 연재한 것을 토대로 이 책이 만들어졌다.

불교는 "바로 보라[正見]"는 가르침이다. 붓다가 볼 때 인간의 비극은 세상의 참모습을 보지 못하고 제멋대로 구성해서 집착하는 데 있다. 그래서 진실을 꿰뚫어보는 지혜가 중요한 것이다. 지혜는 산스크리트어로 프라즈냐(prajñā)인데 이것을 한자로 음역한 것이 반야般若다. 그러니까 〈반야심경〉은 지혜에 관한 경전인데, 지혜의 눈으로 보는 세상의 참모습이 바로 空이다. 물론 이때 무게 중심은 바깥세상이 아니라 나의 바른 눈에 있다.

책으로 엮으면서 空에 대한 담론을 정리해서 앞에 덧붙였는데(1부 '空이란 무엇인가?'), 空에 대한 입체적 이해를 돕는 한편, 空을 통해 불교사상의 핵심에 접근할 수 있도록 구성하였다.

空을 깨달아 성인이 되는 것은 어렵다고 하더라도, 평범한 사람의 지적 능력이면 空을 이론적으로 정확하게 이해하는 데 부족함이 없다는 게 내 생각이다.

그래서 일반인을 염두에 두고 21세기 한국어로 되도록 쉽게 쓰려고 노력했다. 그러나 쉽게 쓰려고 하면 정확성이 훼손되고, 정확하게 설명하려면 복잡하고 어려워지는 난점이 있다. 난이도라는 것이 상대적이고, 독자들의 지적 배경도 다양하기 때문에 본질적으로 극복될 수 없는 딜레마인지도 모르겠다. 내가 특별히 염두에 둔 독자층은 다방면의 학술에 종사하는 분들이다. 空의 과학적, 미학적, 종교적 진실이 상호 통섭統攝하는 데 이 책이 조금이나마 기여할 수 있기를 소망한다.

먼저, 20년 가까운 세월 불교철학 수업을 함께한 서울대학교 학생들에게 소식을 전한다. 나는 매학기 종강 때마다 학생들에게 불교철학 '평생 무상 보증(life time warranty)'을 약속했었다. 미흡하거나 잘못 가르친 부분은 평생 수정, 보완해주겠다는 것인데, 이제 그 약속의 일부를 세상에 내놓게 된 것이 무엇보다 다행스럽다.

집필의 기연을 제공한 불기弗羈 거사와 원고를 읽고 유익한 조언을 해준 청재靑再, 백하白下, 도우道牛 등 여러 거사들께도 감사를 표한다. 이번 생에서 많은 것을 빚진 아내 김숙연에게는 특별한 고마움을 표해야겠다.

무진연기無盡緣起의 법계에서 나와 인연 없는 중생이 어디 있겠는가? 자신이 부처라는 것을 잊고 중생놀이에 여념이 없는 삼계의 모든 부처님들께 이 작은 책을 바친다. 모두 空의 진실에 눈을 떠서 스스로 지혜와 자비의 화신임을 확인하기 바라고 또 바란다.

마지막으로, 책을 읽지 않는 시대에 불교책을 첫 출판 도서로 점지한 도서출판 '공감과 소통'의 용기를 높이 사고 싶다.

2019년 10월

수경재에서 저자

| 차 례 |

2부 _____ 반야심경 해설

일러두기

1 이 책은 불교학자가 아닌 한 사람의 사색가의 자격으로 쓴 것이다. 전거와 논증 책임에 얽매이지 않고 사색의 자유를 누린 대신, 논리의 비약과 견강부회의 위험도 없지 않을 것이다. 일장일단이 있다. 사색가 운운한 것이 비판을 불허하겠다는 취지는 아니다.

2 각주나 미주를 붙이지 않는다는 원칙에 따라 예문과 인용문의 전거(source)도 간소하게 표기했다. 학자든 일반 독자든 큰 불편은 없으리라고 생각한다.

3 한자의 병기
이 책의 주제인 空은 한자를 그대로 노출시켰다. 한자가 우리말의 의미를 확정하는 데 도움이 될 때는 우리말 옆에 병기했다. 예를 들면, 단견斷見과 단견短見은 다르므로 한자를 병기하는 것이 좋다.

한글로 충분히 뜻이 전달되는 경우에는 한자를 병기하지 않았다. 한자 병기는 원칙적으로 우리말 옆에 쓰지만, 음이 아닌 뜻을 병기할 때는 대괄호[ ]를 썼다. 예) 통通하면 아프지[痛] 않고……

4 불교적 어법과 상투어

서술의 편의와 오랜 습관 탓으로 무심결에 쓰게 되는 '불교적 어법'을 가급적 평이한 현대어로 바꾸려고 애썼다.

5 불교 이론과 전문 술어

꼭 필요한 경우가 아니면 일반 독자들에게 난해하다고 생각되는 이론이나 전문 술어의 사용은 가급적 자제했다. 그러나 불교를 공부하는 사람들에게 도움이 될 만한 전문 술어는 괄호 속에 병기했다.

1부

空이란 무엇인가?

죽기 전에 알아야 할 空

●

'죽기 전에 해야 할 101가지' 중에 '상어와 헤엄치기'가 들어 있는 웃지 못할 책이 베스트셀러가 된 적이 있다. 내가 보기엔 그런 짓은 죽기 전에 하지 않는 게 낫다. 그 책이 나온 후 '죽기 전에 읽어야 할 책', '죽기 전에 구경해야 할 여행지', '죽기 전에 먹어야 할 음식' 등 각종 패러디가 쏟아져 나왔다. 그러나 그런 것들은 대부분 죽기 전에 '해야 할' 것이라기보다는 '해도 좋지만, 안 해도 상관없는' 것들이다.

그러나 空이야말로 죽기 전에 꼭 알아야 할 것이라고 주장하는 데에는 두 가지 이유가 있다.

죽기 전에

우선, 죽기 전에 잘 살기 위해서다.

나는 불교를 공부한 보람으로 "즐겁지 않으면 인생이 아니다"는 철리哲理를 깨닫고 정신적 방황이 끝났다. 이 생각에는 악과 고통은 비본질적이라는 전제가 깔려 있다.

기의학氣醫學이라고 할 수 있는 한의학의 원리를 한마디로 요약하면 '통즉불통 불통즉통通則不痛 不通則痛'이다. "기氣가 통通하면 아프지[痛] 않고, 안 통하면[不通] 아프다[痛]"는 말이다. 사람 몸에 기가 통하는 것이 정상이고, 안 통하는 것이 비정상이라는 관점이다. 사람의 몸이 그렇다면 마음도 그렇지 않을까?

유교도 맹자孟子의 성선설을 정통으로 삼고 있지만 불교의 심성론心性論 역시 '본래' '깨끗한' 마음[自性淸淨心]을 강조한다. 단적으로 말해서 불교의 최고선인 열반, 혹은 깨달음은 본래 깨끗한 마음을 회복하는 것이며, 본래 자유롭고 행복한 상태를 되찾는 것이다.

앞으로 설명하겠지만 空사상은, '행복한 삶으로 이끄는 지혜의 길'이라고 정의할 수 있다. 불교 공부가 개인주의를 조장한다는 견해는 단견短見이다. 스스로 행복한 사람만이 진정으로 남을 행복하게 해줄 것이기 때문이다.

이슬람의 수행 전통인 수피즘(Sufism)은 선과 매우 유사하다. 앞뒤 맥락을 가리고 보면 수피가 한 말인지 선사가 한 말인지 분간하기 어려울 정도다.

다음은 수피즘의 스승인 루미(Rumi, 1207~1273)의 말이다.

> 이 세상에서 결코 잊어서는 안 되는 것이 하나 있다고 스승이 말했다. 만약 당신이 다른 모든 것을 잊더라도 이것만 잊지 않으면 걱정할 필요가 없다. 반대로, 다른 모든 것을 기억해서 행하고 주의를 기울이더라도 이 하나를 잊으면 당신은 사실상 아무것도 한 게 없다.
>
> 그것은 마치 왕이 아주 특별하고 특수한 임무를 당신에게 맡겨 다른 나라에 파견한 것과 같다. 당신이 그 나라에 가서 수백 가지 다른 일을 처리했더라도 왕이 내린 그 임무를 수행하지 못했다면 당신은 사실상 아무것도 하지 않은 것이나 다름없는 것이다.
>
> 사람은 어떤 특별한 임무를 수행하기 위해 이 세상에 태어났다. 그것이 바로 그가 살아가는 목적이기도 하다. 만약 그가 그 임무를 수행하지 못한다면 그는 아무것도 하지 않은 것이다…… (그 유일한 임무는) 자기 자신의 본성, 혹은 우리의 참된 존재를 깨닫는 일이다……
>
> \- 소걀 린포체, 《삶과 죽음을 바라보는 티베트의 지혜》 중에서

그 임무는 서로 다른 문화적, 종교적 맥락에 따라 다양한 방식으로 표현될 수 있을 것이다. 여기서 말하는 '자신의 본성' 혹은 '우리의 참된 존재'를 불교식으로 표현하면 최고의 진리인 空이고, 또 다른 전통에서는 도道나 하늘[天]쯤이 될 것이다. 어찌 그렇지 않을 수 있겠는가?

죽은 후에

그리고, 죽은 후에도 잘 살기 위해서다.

죽은 후에는 '모든 것이 끝'인데 어찌 잘 살 수 있다는 말인가? 그러나 사실을 말하면, 우리는 죽어도 죽지 않는다!

"한 알의 밀알이 죽으면 많은 열매를 맺으리라(If a grain of wheat does die, then it produces many grains.)"(John 12:24 GNB)는 성경 말씀이 있다. 여기서 밀알이 '죽는다'는 것은 밀알이 땅에 떨어져서 소멸되는 게 아니라 토양의 박테리아와 수분과 열 등의 작용으로 분해되면서 다른 것으로 변해간다는 말이다. '죽는다(die)'고 표현했지만 실상 '분해된다(decompose)'는 뜻이고, 변한다는 말이다. 물론 사람의 경우에는 밀알과 같이 주검에서 새싹이 나오지는 않지만, 의식은 소멸되지 않고 '변해가면서' 인연 있는 모체를 찾아

새로운 몸을 만들어 나간다.

이쯤에서 책을 집어던질 독자들이 있을지 모르겠다. 현대과학의 관점에서는 윤회는 입증도 가능하지 않고, 반증도 불가능하다. 이럴 때는 어느 쪽이든 자신의 주장을 너무 강하게 밀어붙이기보다는 "윤회를 하는지 안 하는지 알 수 없다"는 불가지론이 안전하다.

그러나 나는 나름대로 객관적이고 합리적인 추론을 거쳐 "윤회하는 게 맞다"는 결론에 이르렀다. 그렇다고 해서 독자들에게 나의 견해를 강요하지는 않겠다. 내가 틀릴 수도 있지만 그래도 불교는 유효하다. 다만, 내가 윤회를 수용하는 까닭은 간단하게 밝힐 필요가 있겠다.

첫째, 붓다의 육성에 근접한 〈아함경〉에 환생과 윤회를 직접적으로 언급한 대목이 많다. 예컨대 깨달음을 성취한 날, 자신의 무수한 전생에서, 언제 어떤 이름으로 어떻게 살다가 어떻게 죽었는지를 '다 보았고(숙명통)', 남들이 윤회하는 양상까지 '보았다(천안통)'고 기록되어 있다.

이러한 기록과 함께 제자들이나 동시대인들의 사후 운명에 대한 언급과 중생이 윤회하는 삼계에 대한 묘사도 비유나 우화적 표현으로 볼 수 없기 때문이다. 붓다는 사실에 관한 진술과 비유를 엄밀히 구분했다.

둘째, 붓다는 제자들에게 자신의 가르침을 맹목적으로 받아들이지 말고, 주체적이고 비판적인 자세로 수용할 것을 당부했다. 이러한 사자상승師資相承의 전통은 붓다의 가르침[佛教]의 본질적인 부분이다.

그런데 불멸 후 2,500년 간 붓다의 정신적 계승자들 가운데 윤회에 의문을 제기한 인물은, 내가 아는 한, 없다. 교주인 석가모니와 경전의 권위까지 절대화하지 않는 선지식들이 자신의 직접적 체험 없이 붓다나 스승들의 말이라는 이유로 윤회'설'을 맹종한다는 것은 상상할 수 없는 일이다. 불교 전파 과정에서 토착 신앙과의 습합習合의 산물인 소위 미신적 요소와 윤회설이 혼동되어서는 안 된다.

셋째, 현대의 심리학자, 의사, 과학자들의 다양한 연구 업적이 있다.

평생을 환생 연구에 바친 버지니아 주립대 정신과 교수였던 이안 스티븐슨(Ian Pretyman Stevenson, 1918~2007) 박사의 전세계에 걸친 연구 조사 사례나, 잠자는 예언가로 불리는 초능력자 에드

거 케이시(Edgar Cayce, 1877~1945)의 방대한 리딩(reading : 수면 상태의 예언) 기록은 모두 윤회를 당연시하고 있기 때문에 보통 사람의 상식으로는 선뜻 받아들이기 어려울 것이다. 윤회를 인정하면 '자연스럽게' 설명이 되는 이야기지만, 윤회를 인정하지 않는 입장에서 말이 되게 하려면 기괴한 논리가 동원되어야 한다. 어느 쪽을 택할지는 각자 소관이다.

그 밖에 위스콘신대 심리학자 지나 서미나라(Gina Cerminara, 1914~1984)의 방대한 연구가 있고(시중에 우리말 번역본이 몇 권 나와 있다), 대부분의 질병은 전생의 특정 사건이 원인이 되어 발병한다는 전제 하에 최면요법('전생 여행')을 통해 병을 치료하는 퇴행치료(regression therapy)도 제도권 내에서 합법적으로 시행되고 있다.

넷째, 윤회하는 양상에 대해서는 차이가 있을지 모르지만 고대에서 현대에 이르기까지 서양에서도 윤회에 대한 언급이 지속적으로 나타난다.

피타고라스가 윤회를 당연시했다는 것은 비교적 잘 알려진 사실이고, 플라톤은 동물은 윤회과정에서 인간이 변한 것이므로 고기를 먹는 것을 동족상잔이라고 보았다. 4세기 초 로마 황제 콘스탄티누스가 주재한 니케아 종교회의에서 윤회설이 이단으로 결정되기 전까지 초기 기독교에서 윤회설이 광범위하게 받아들여졌다는 것은 공공연한 사실이다. 영국 철학자 데이비드 흄(David Hume, 1711~1776)은 '윤회설이야말로 철학이 인정할 수 있는 유일한 이론'이라고 단언했다고 하는데, 그의 윤회설이 어떤 것인지는 잘 알지 못한다. 아르헨티나의 시인이자 소설가인 보르헤스(Jorge Luis Borges, 1899~1986)도 강연과 저술을 통해 윤회설을 적극적으로 지지한 인물이다.

내가 윤회를 받아들이는 근거로 제시한 것들이 움직일 수 없는 증거라고 주장하려는 것은 아니다. 다만 이와 같은 사례들을 면밀히 검토한 후에 "선입견과 특정 종교적 신념을 배제한 상태에서는 윤회를 인정하는 것이 더 합리적"이라고 결론을 내릴 수밖에 없었다.

어떤 연구자는 이렇게 표현한다.

"내가 길옆에 앉아 있는데 지나가는 사람들이 모두 A라는 다리를 건너왔다고 한다면 A다리가 저쪽 어딘가에 있다고 생각하는 게 자연스럽지 않은가?"

나 또한 그렇게 생각한다.

그러나 지금

다소 장황하게 환생 이야기를 한 것은 윤회 여부가 중요해서가 아니다. 특별한 경우에는 '다음 생이 내일보다 먼저 올' 수도 있지만 별일 없으면 내일은 온다. 마찬가지로 이번 생에서 해탈하지 못하면 다음 생이 올 수밖에 없을 것이다. 윤회는 사실에 관한 문제이기 때문에 중요할 뿐 순수하든 불순하든 어떤 의도가 개입되어서는 안 된다.

나는 처음 윤회를 확신한 후에 이것을 전파하기 위해 고심했다. 사람들이 윤회를 받아들이게 되면 도덕적으로 좀더 사려 깊게 행동할 것이라고 보았기 때문이다.

그러나 과연 그럴까? 곰곰이 생각해보니 윤회를 사실로 인정하더라도 사람들의 삶은 별로 바뀌지 않을 것 같았다. 내일 감옥에 갈 게 뻔한 범법 행위를 오늘 버젓이 저지르는 게 사람이다. 그리고 진정한 의미의 선행을 하는 사람들은 이번 생이든 다음 생이든 대가를 바라지 않는다. 다음 생이 있다는 사실이 현생의 삶에 영향을 얼마나 미칠까? 나의 답은 부정적이다.

내가 윤회 여부가 중요한 문제가 아니라고 생각하는 까닭은 우리가 사는 시점은 영원히 현재 순간밖에 없기 때문이다. 과거와 미래는 기억과 망상 속에만 존재한다. 윤회한다고 해도 '미래의 나'를 위해 내가 할 수 있는 것은 현재를 잘 사는 길뿐이고, 윤회하지 않더라도 마찬가지다.

내생에 다시 태어난다면 현재의 연장이든지 연장이 아니든지 둘 중 하나다. 현재의 연장이라면 순간순간 행복하고 편안하게 살면 그만이다. 만약 연장이 아니고 마구잡이식으로 환생한다면 현재의 나와는 상관이 없으므로 윤회를 문제삼을 이유가 없다. 즉 어떤 경우든 현재의 삶만이 중요한 것이다.

空을 아는 것은 이 생애뿐만 아니라 다음 생과 그 다음 생, 그 그 다음……까지 여일하게 영향을 끼친다. 현재에서 현재로 이어지는 이 현재가 삶과 죽음을 반복하며 끝없이 지속되는 것이라면 바로 이 '영원한 현재'를 주목하고 해명해야 한다.

그 해결의 실마리가 空이다. 空에 대해 숙고하는 순간부터 선근善根을 심고 진리와 인연을 맺는 것이지만, 한발 더 나아가 지적으로 이해하는 데 그치지 않고 투철하게 깨달아야 한다. 그러나 한편으로 깨달음이란 깊은 이해다. 이해와 깨달음이 단절되어 있지 않기 때문에 지적 훈련도 중요하고 필요한 것이다.

과연 생애를 바쳐서라도 '죽기 전에 꼭 알아야 하는' 空은 대체 무엇인가?

空의 이해

●

空에 대한 담론이나 강의를 들어보면 정작 주제인 空에 대한 직접적 언급은 별로 없고, 해도 좋고 안 해도 좋은 객담만 잔뜩 늘어놓다가 끝내는 경우가 부지기수다. 거기에는 다 그만한 사정이 있다.

空을 강의하는 데 두 가지 어려움이 있다. 하나는 강사가 空을 잘 모를 때이고, 둘은 空을 좀 알아도 설명 능력이 부족할 때다. 대부분 이 둘 가운데 어느 한 쪽이라고 보면 된다. 나는 감히 두 번째 부류로 자처하는데, 오로지 설명 방편을 고안하느라 부심해 왔다. 이 책은 그 결과물이다.

〈반야심경〉의 핵심은 물론 반야般若다. 반야는 지혜를 의미하는 산스크리트어 '프라즈냐(prajñā)'의 음역이다. 반야가 '空을 비추는 지혜'이므로 〈반야심경〉의 주제는 空이다.

불교 공부는 "도 아니면 모" 혹은 그 반대이다. 알면 다 알고 모르면 하나도 모른다. 空은 좀 아는데 무아無我는 잘 모르겠다든가, 무상無常은 쉬운데 연기緣起는 어렵다는 일은 있을 수 없다. 불교의 핵심 개념들은 모두 '세계의 실상' 혹은 '진리'를 각기 다른 관점에서 표현한 말이기 때문에 서로 연관되어 있고, 결국 같은 말이다.

비유하자면 한 그루의 나무는 잎, 가지, 뿌리 등으로 각 부분에 따라 이름이 다르지만 결국 같은 나무인 것과 같다. 그래서 空이라는 그물코를 잡아당기면 무아와 무상과 연기와 열반과 마음이라는 그물코가 모두 끌려온다.

불교 공부는 이론에 관한 한 그다지 어려운 것도 아닌데 애초에 맥을 제대로 짚지 않으면 길 잃은 등산객처럼 지치도록 같은 골짜기를 헤매게 된다. 그렇기 때문에 다음으로 미루지 말고 바로 이 자리에서 결판을 내야 한다.

"오늘 담배를 끊지 않으면 내일은 없다"는 금연 광고가 있는데, 空이야말로 이 자리에서 밝히지 않으면 내일은 없다는 각오로 임해야 한다.

空의 정의

空의 정의는 "자성自性이 없다"는 것이다. 한문으로 표현하면 '無自性故空(무자성고공)'이다. 이 다섯 글자만 정확하게 이해하면 空을 알게 되고, 空을 알게 되면 불교를 알게 된다. 우리말로 풀면 모든 사물은 "자성이 없기[無] 때문에[故] 空하다"는 말이다. 자성이 무엇인지만 알면 해독이 되는 문장이다. 空의 정의를 넘어 불교철학 전반에 대한 이해가 이 한 마디에 달려 있다.

자성이 없기 때문에 空하다!

불교는 "모든 것이 空하다[一切皆空]"고 하는데 이것은 "모든 사물은 자성이 없다"는 말과 같다. 자성은 산스크리트어로 svabhāva인데 'own being'으로 영역되고, 우리말로는 자기 동일성, 독립 자존성, 실체성 등으로 번역할 수 있다. 그래서 무자성無自性은 "사물 자체[自]의 본성[性]이 없다"는 뜻이다. 어려운 말을 좀 쉽게 풀어보자.

"모든 사물에 자성이 없다"는 것은

① 자기 동일성이 유지되지 않는다 = 변한다 = 무상

② 독립 자존하지 않는다=여러 조건들이 모여 생긴다
=인연의 화합=연기
③ 그래서 "실체가 없다"=空하다

이렇게 쉬울 수가!

모든 것은 (허공과 열반은 빼고) 변한다. 어떤 사물이든 여러 조건들이 모여서 생기고[生], 잠시 그것이 유지되는 듯하다가[住] 변해가고[異], 사라진다[滅]는 것은 상식이 아닌가? 그게 자성이 없다는 뜻이고 空하다는 말이라고? 세상에 변하지 않는 것이 있는가? 여러 조건들이 모여 생기지 않는 것이 있는가? 그렇다면 누구나 空을 알고 있다는 말이 아닌가?

그렇다. 空은 비밀이 아니고, 불교의 전유물도 아니다. 뭔가 속은 느낌이 들 수도 있다. 空이라면 뭔가 오묘하고 난해한 것이라고 생각해서 잔뜩 긴장하고 있었다면 미안한 일이다.

다시 반복한다. 모든 사물은 인연 화합으로 생기고 또 변한다. 空은 그러한 '객관적 사실'을 가리킨다. 그래서 어떤 사물이 변한다면 "그것은 空하다"고 말해야 할 것이고, 인연이 화합되어 존재한다면 "그것도 空하다"고 말해야 한다. 세상에 그렇지 않은 것이 하나도 없기 때문에 결과적으로 "모든 사물은 空하다"고 하는 것이다.

空에 대한 오해와 진실

기원 전후에 인도의 空사상이 중국에 처음 들어왔을 때 중국인들은 그것을 이해하지 못해서 노장사상의 무無에 견주어서 여러 억측을 쏟아냈다. 이것이 이른바 격의불교格義佛教인데, 서역승인 구마라집(鳩摩羅什, 344~413)이 중국에 들어온 이후에 비로소 정론이 자리잡아 갔다고 볼 수 있다.

불과 31살에 후진의 황제인 요흥姚興에 의해 (아마도 불경죄로) 참수된 승조(僧肇, 384년~414년)는 구마라집의 제자 중에서 空을 가장 잘 이해한[解空第一] 인물이다. 죽기 전 일주일의 말미를 얻어 지었다는 명문이 〈조론肇論〉이다.

그가 임종 직전에 남긴 시는 다음과 같다.

空을 제대로 알아서 죽음 앞에서도 태연자약할 수 있었던 것인가? 하긴 空이 空으로 돌아가는데 무엇을 슬퍼하겠는가!

四大元無主(사대원무주)　사대四大(=地水火風)는 애초에 주인이 없고

五陰本來空(오음본래공)　　오음五陰(=五蘊)은 본래 空한 것이니
將頭臨白刃(장두임백인)　　머리를 흰 칼날로 쳐도
猶似斬春風(유사참춘풍)　　봄바람 베는 것과 같으리

그러나 손가락을 까딱하는 것으로 세상의 정보에 접근할 수 있는 오늘날에도 空에 대한 오해는 여전하다. 옛부터 불교 내에서 이러한 오류를 악취공(惡取空 : 空을 잘못 파악함)이라거나, 석공(析空 : 쪼개어서 空이라고 함), 편공(偏空 : 치우친 空), 완공(頑空 : 생명력이 없는 空) 등으로 경계해왔다.

여기서는 空에 대한 일반적인 오류를 세 가지 측면에서 살펴보자.

空사상은 허무주의인가?

돈을 쓸 데가 많은데 지갑이 비면[空] 슬프다.
일을 하고 싶은데 空치는 날이 많으면 밥을 굶는다.
전학 간 친구의 빈[空] 자리를 보면 그립다.

그런데,

피곤한 퇴근길 지하철에 빈[空] 자리가 있으면 반갑다.

남과 갈등이 있을 때 마음을 비우고[空] 얘기하는 게 좋다.

수묵화의 아름다움은 빈[空] 공간에 있다.

세상에 비어서 좋은 것도 있고, 비면 나쁜 것도 있다.

불교의 비어 있음[空]은 어느 쪽일까?

空을 이 세상에 존재하는 것들[有]을 경시하거나 부정하는 염세사상으로 보는 것은 가장 흔하면서도 고약한 오해다. 눈에 보이는 세상이 진실의 전부라면 그런 소리를 들어도 할 말이 없지만 空은 일상적인 세상보다 더 안락하고 견고한 진실이므로 허무주의가 될 수 없다.

그렇다고 해서 이 세상을 가짜라거나 환상이라고 부정하는 게 아니다. 이 세상의 진리도 진리[世諦]다. 空과 유有(중생의 생각 속의 세상)에 치우치지 않는 것이 소위 중도中道인데, 중도가 견지되지 않고 空에 치우치면 그릇된 공[惡取空]이 되고 치우친 공[偏空]이 되어 허무주의로 전락한다(세제世諦와 중도中道에 대해서는 뒤에서 자세하게 다룰 것이다).

붓다의 가르침을 감로수에 비유하는데 空 역시 사람들을 자유와 행복으로 이끄는 가르침이다. 그럼에도 불구하고 염세적이고 소극적인 사상으로 오해받아 온 것은 '비었다'는 언표에서 이 세상을 부정하는 듯한 뉘앙스를 풍기기 때문이다. 그러나 불교는 이 세상을 부정하지도 않고, 중생들의 즐거움을 시샘하지도 않는다.

空은 한 차원 높은 즐거움으로 이끌기 때문에 좋고 아름다운 것이다. 흔히 동양화의 아름다움으로 여백의 미美를 드는데 여백이 아름다운 것은 결정되어 있지 않고, 무엇에도 점유되어 있지 않아서 무한한 가능성을 품고 있기 때문이다. 잠재태의 아름다움이요, 가능태의 희망이다. '되어 있음'이 아니라 '되어 감'의 사상이다.

허공은 우리 눈에는 비어 있는 듯하지만, 온갖 사물들이 생성소멸하면서 무궁하게 변화하는 생명의 무대다. 천지에 생명의 약동이 있으므로 '솔개는 하늘에서 날고, 물고기는 물에서 뛰노는[鳶飛魚躍]' 것이다. 空은 끊임없이 순환하는 생명력이며 응축된 에너지와 같다.

노고지리 알은 空하지 않으므로 그 속에서 노고지리 새끼가 나오든지 말든지 한다. 노고지리 알 속에 모든 유전 정보와 생체 시스템이 갖춰져 있으므로 적절한 조건들을 취합하고 조직해서 노고지리가 될 수 있다. 혹은 그렇지 않을 경우에는 썩어서 거름이 된다. 어느 쪽이든 그러한 기능태로서의 노고지리 알은 빈[空] 것이 아니다.

동시에 노고지리 알은 空하므로 그 속에서 노고지리 새끼가 나온다. "노고지리 알이 空하다"는 것은 노고지리 알로 특정되고 고정되어 있지 않다는 의미다. 만약 노고지리 알이 노고지리 알로 정해져 있다면 그 알은 노고지리가 될 수 없고 썩어서 거름이 될 수도 없다.

노고지리 알과 같이 나는 空하므로 자유롭다. 아무것도 정해져 있지 않기 때문에, 그래서 무엇이든 될 수 있기 때문에, 나는 자유롭고, 좌절할 일도 없다. 나의 탐욕이 空하기 때문에 무욕의 편안함을 누릴 수가 있을 것이고, 나의 미움도 空하기 때문에 남에게 좀더 관대할 수도 있을 것이고, 어리석음 또한 空하기 때문에 궁극적인 자유에 이를 희망도 있다.

空은 좋은 것이다!

空은 텅 빈 것이다?

空을 아무것도 없이 비었다[空無]고 보는 것도 벽취공僻取空이라고 하겠는데 이런 오해가 제일 흔하다.

대표적인 예로 어떤 분은 공중관空中管의 개념으로 空을 설명한다. 공중관이란 쉽게 말해서 빈 파이프를 의미한다. 빈 파이프같이 사람의 입에서 항문까지 내부가 비어 있지만[空] 바로 그 때문에 인간이 존재할 수 있듯이, 空이 있으므로 우주만물이 존재할 수 있다는 것이다.

……그래서 이 空이라고 하는 개념은 우리가 쉽게 이해한다면, 공중관의 개념으로 보면, 아마 좀 아주 가깝지 않은가 해요. [중략] 무엇을 공중관이라고 하냐면 입에서부터 식도, 위, 장, 그리고 항문까지를 공중관이라고 불러요.

공중관은 뭐예요? 그야말로 비어 있어요. 한번 생각해보세요. 인간이 살아서 존재할 수 있는 이유는 공중관이 있기 때문이에요. [중략] 비어 있기 때문에 음식을 섭취하죠. 그러면 그 음식이 장으로 내려가서 장에 흡수되잖아요. 그리고 배출돼요. 비어 있기 때문에. 근데 이 공중관이라는 것은 비어 있지만 존재하지 않는 건 아니에요. 분명히 우리가 있잖아요. 있는데, 공중관 내부는 비어 있어요. 입에서 항문까지는 비어 있어요. 그러기 때문에 인간은 존재할 수 있는 거예요.

우리가 공이라고 하는 개념을 쉽게 이해한다면, 공중관의 개념으로 보면 돼요……

空을 이렇게 이해한다면 아직도 3~4세기의 중국 격의불교 수준을 벗어나지 못한 것이다.

노자老子는 〈도덕경〉에서 무의 유용성을 설명하면서 텅 빈 창자와 유사한 예를 든다. 다음은 〈도덕경〉 11장에 있는 말이다.

찰흙을 빚어 그릇을 만들 때 비어 있는 공간에 그릇의 용도가 있고, 문과 창문을 내서 방을 만들 때도 빈 공간에 방의 용도가 있는 것이다. 그러므로 유有가 만드는 이로움은 무無를 쓰기 위한 것이다.

(埏埴以爲器, 當其無, 有器之用. 鑿戶牖以爲室, 當其無, 有室之用. 故有之以爲利, 無之以爲用)

(연식이위기, 당기무, 유기지용, 착호유이위실, 당기무. 유실지용, 고유지이위리, 무지이위용)

벽을 쌓는 것은 아무것도 없는 빈 공간을 쓰기 위한 것이므로 유가 무를 위해 존재하며, 그릇의 빈 공간[無]이 있어서 밥을 담아먹을 수 있다는 얘기다. 이것은 틱낫한이 空을 빈 병에 빗댄 잘못과 대동소이하다. 빈 병도 空하고 물이 들어 있는 병도 空하듯이 사람의 창자가 비어 있기 때문에 空한 것이 아니라, 비어 있든 차 있든 '자성이 없기 때문에' 空한 것이다.

석공析空이라는 것도 비어 있음에 집착하고 있다는 점에서 위의 사례와 비슷하다. 석공은 두 가지 경우를 생각해볼 수 있다. 하나는 이론적인 분석(=쪼갬)을 통해 空을 정의하려는 시도이고, 다른 하나는 물리적으로 사물을 쪼갤[析] 때 최종적으로 空이 입증될 수 있다는 관점이다. 전자는 空에 대한 이론적, 관념적 이해의 한계이기 때문에 논외로 치고, 후자의 경우 설명의 편의 때문이겠지만 상당히 공부한 분들도 범하는 오류다.

현대과학이 발견한 바로는 사물을 원자 단위에 이르도록 쪼개고 또 쪼갠 후에 '관찰'해보면 거의 대부분이 빈 공간이라는 것이다. 원자가 잠실운동장이라면 질량의 대부분을 차지하고 있는 원자핵은 야구공 하나 크기에 불과하기 때문에 원자로 이루어진 모든 사물이 '비었다'고 볼 수 있다는 것이다.

물론 이것도 잘못이다. 산스크리트어 쑨야(śūnya)와 그 한역인 空은 비유적이고 상징적인 의미에서 '비어 있음'이지 실제로 어떤 사물이 비어 있다는 뜻은 아니다. 이 점이 간과되기 때문에 오해가 끊이지 않는 것이다.

空은 실체인가?

空에 대한 논의를 읽어보면 空을 어떤 물건처럼 다루는 경우를 본다. 空이 '비어 있다'는 뜻이라서 마치 빈병처럼 다루는 것이다. 또 어떤 경우에는 그 비어 있는 병조차 없는 허공을 머리에 떠올려서 空에 견주어보기도 한다. 어쩌면 설명 편의상 불교의 空 개념을 허공에 비유할 수도 있을 것이다.

그러나 문제는 허공도 사람의 생각에 들어오면 있는 그대로의 허공이 아니라 관념상의 사물이 된다. 하지만 허공 자체는 사물이 아니고, 따라서 인식의 대상이 될 수 없다.

空은 어떤가?

空은 무엇의 부재를 의미하기 때문에 空을 사물(존재자)로 오해하는 경우는 거의 없지만, 대신 불성佛性이나 진여眞如, 법성法性 등과 더불어 형이상학적 실체로 다루어지는 사례는 드물지 않다. 그러나 불교에서는 모든 것이 무상하고 연기적이기 때문에 空하지 않은 어떤 실체도 인정되지 않는다. 불성이나 진여는 실체적으로 '존재'하는 것이 아니라 가명假名에 불과하며, 이 또한 空하며 연기적緣起的이다.

空의 인식(깨달음) 역시 '실체가 없다는 것'을 아는 것이다. 예를 들자면 개인 금고 속에 금괴를 넣어두었다고 생각했는데 막상 열었을 때 없었다면 '금괴가 없다'는 사실을 알게 될 것이다. 당연한 소리지만 금괴에 대한 인식과 금괴의 부재에 대한 인식은 다르다. 굳이 말을 만들자면 사물에 대한 인식과 (부재하는) 상황에 대한 인식으로 구분할 수도 있을 것이다. 만약 금괴가 평생 모은 재산이라거나 다른 이유로 금괴가 목숨만큼 중요한 것이라면 금괴의 부재는 엄청난 충격을 안겨줄 것이다.

아마도 空, 즉 실체의 부재에 대한 인식도 금괴의 부재를 알았을 때 못지않게, 아니 그것과는 비교할 수 없을 정도의 충격을 주리라고 생각한다. 다만 空을 깨달았을 때의 충격은 환희의 도가니라는 점이 다를 것이다. 현생뿐만이 아니라 무수한 생을 거치면서 굳어진 실체에 대한 믿음과 집착이 한순간에 무너져내리면서 대자유를 얻는 경이와 기쁨을 노래한 시가 오도송(悟道頌 : 깨달음의 노래)이다.

空 개념의 역사

초기 경전의 空

불교는 붓다의 사후 백 년(BC 3세기) 전후에 마하데바[大天]의 아라한에 대한 다섯 가지 비판("아라한도 몽정을 한다"는 내용도 포함되어 있다)이 계기가 되어 최초로 상좌부와 대중부로 교단이 분열되는데, 기원전 1세기경에는 분파가 18개 내지 20개에 이른다. 이 시대를 '부파불교 시대'라고 부르기도 한다.

이 분열에는 계율과 교학에 대한 해석상의 차이, 소통을 어렵게 하는 거리상의 문제, 교단의 성장 등 여러 가지 요인이 작용했다. 불교의 분열은 바깥세상의 분쟁과는 달랐다. 이들은 헤게모니 쟁탈에 밤낮을 보내는 대신 철학적 논쟁에 몰두함으로써 한편으로는 불교철학을 풍요롭게 했고, 한편으로는 불교가 대중과 멀어지는 결과를 초래했다.

보수와 진보의 갈등은 현대 사회의 전유물이 아니다. 최초의 분열에서 보수적인 상좌부에 비해 진보적이고 개방적이었던 대중부는 후에 대승불교로 발전(기원 전후)하여 부파불교의 한계를 극복하게 된다.

대승경전은 여시아문(如是我聞 : "나는 이렇게 들었다")으로 시작하는 초기 경전의 형식을 따르고 있지만 붓다의 설법이 아니라 후인들의 창작이다. 그래서 과연 대승경전이 붓다의 뜻을 충실히 계승하고 있는가 하는 것이 논란의 여지가 있고, 또 실제로 오늘날까지 논란이 되어 왔다.

여기서 그 연속과 불연속에 관한 논쟁을 장황하게 보고할 수는 없으나, 대체로 대승불교가 초기의 불교사상(연기와 무아, 중도 등)을 충실하게 계승하고 있다는 평가가 대세다. 만약 그렇지 않다면 어떤 권위에도 맹종하지 않는 선지식들의 비판을 견디면서 지금까지 불교라는 이름 아래 존속할 수 없었을 것이다.

空에 대한 언급은 붓다 자신의 교설에서 나타나지만 종교적으로 중요한 위치를 얻게 된 것은 기원전 1세기 전후 초기 대승불교 경전인 반야경 계열 대승경전의 출현을 통해서이고, 이것을 철학적으로 정립한 것은 2세기 용수(龍樹, Nāgārjuna)보살이다.

空은 소위 대승불교의 창안이라기보다는 기존의 개념을 새롭게 조명한 것이다. 사상사에서 한 개념의 내포와 외연이 변화, 확장되는 것은 흔한 일이다.

초기 불교의 空은 철학적 개념으로서가 아니라 단순히 번뇌나 어떤 것의 '부재不在'를 의미하는 경우가 많았다.

붓다 : 사리불이여, 그대의 모습은 고요하며, 표정은 맑고 빛이 난다. 그대는 지금 어떤 상태인가?

사리불 : 스승이시여, 저는 지금 (마음이) 비어 있는 상태(空, śūnyatā) 입니다.

붓다 : 참으로 좋다, 사리불이여, 그것이 바로 성자의 경지로서 空이라 한다. (Majjima Nikayā)

인용문의 대의는 '마음에 번뇌나 망상이 없는 상태가 空'이라는 것이다. 이것은 매우 중요한 대목이다. 대승불교에 와서 空이 아무리 다양하게 변주되더라도 근본적으로 空은 마음의 비어 있음, 즉 심공心空이라는 사실을 잊어서는 안 된다. '마음 밖에 아무것도 없다[心外無物]'는 것은 불교철학 전체를 관통하는 명제이기 때문이다.

이것은 우리가 흔히 '마음을 비운다'고 할 때, 그리고 〈장자〉의 '빈 배[虛舟]의 비유'에서 '나' 혹은 '내 것'이라는 생각을 비우는 것과 유사하다고 할 수 있다. 이 '비움'에는 사람의 지혜나 성향에 따라 무수한 차원이 존재한다. 쉽게 말해서 우리는 웬만해서는 무의식 차원에 무엇이 있는지 밝게 알기 어렵다.

성철 스님이 늘 강조했듯이 제8아뢰야식(무의식)의 미세한 망념까지 남김없이 털어내는 것이 견성이고, 완전한 비움이다. 위의 대화에서 붓다는 사리불의 비움이 성자의 경지에 도달했다는 것을 인정하고 있다.

연기는 붓다 자신이 관찰했고, 누구나 관찰할 수 있는 보편적이고 객관적 진리이다. 불교의 세계관과 인간관은 연기로 집약된다. 따라서 초기 경전을 보면 연기에 관한 교설이 압도적으로 많지만 드물게는 空과 연관시켜서 말하는 경우도 있다.

> 나는 지금 가장 空한 법을 설명할 것이니 너희들은 명심하라. [중략] 눈이 생길 때는 곧 생기지만 그 오는 것을 보지 못하고, 멸할 때에는 멸하는 곳을 보지 못한다. [중략] 나무를 비벼 불을 일

으키는데 [중략] 나무를 쪼개어 불을 찾지만 불을 얻지 못한다. 그 것은 모두 인연이 모인 뒤에 불이 있기 때문이다……

…〈증일아함경〉 중에서

눈(과 귀와 코와……)은 그 자체의 고유한 본성과 자기 동일성을 가진 불변의 실체가 아니고 여러 가지 조건이 화합해야 비로소 존재할 수 있다. 그래서 생길 때 어디서 온 것도 아니고, 사라져도 어디로 간 것이 아니다. 인연이 있으면 있고, 인연이 흩어지면 없기 때문에 '참되게' 존재하는 것이 아니라고 말한다. 눈이 空하다는 것도 그런 의미다. 실유(實有 : 독립 자존하는 실체적 존재)가 아니라 가유(假有 : 다른 것에 의존하는 일시적 존재)는 空한 것이다.

불도 그 자체로 존재하는 실유가 아니라 두 나무의 마찰에 의존해서 생기는 가유이다. 불이 없는 상태에서 두 나무를 비벼서 불을 일으킬 때 그 불은 어디서 온 것인가? 이 나무에서 온 것도 아니요, 저 나무에서 온 것도 아니고, 그렇다고 중간에서 온 것도 아니다. 불이 일어날 때 온 곳이 없고, 꺼진 후에 가는 곳도 없다. 오로지 여러 인연들의 화합, 즉 연기에 의한 것이다. 이것이 "불은 空하다"는 말의 정확한 의미이다.

또 다른 초기 경전에서는 空을 연기나 무아와 거의 같은 의미로 쓰고 있다.

> 어떤 것이 제일의공경第一義空經인가. 비구들이여, 눈은 생길 때에도 오는 곳이 없고, 사라질 때도 가는 곳이 없다. [중략] 업보業報는 있지만 지은 자는 없다……
>
> …〈잡아함경〉 중에서

이 경의 이름은 '최고의 진리[第一義]인 空을 설한 경전'이다. 空과 연기를 연관시켜서 설명하는 것은 앞에서 인용한 경전과 대동소이하다. 다만 이 경전에서는 공과 연기가 논리적으로 무아에 직결되어 있다는 것을 밝히고 있다.

"업보는 있지만 지은 자는 없다"는 것은 무슨 말인가? 내가 선행을 하면 선행의 업보가 남고 악행을 해도 마찬가지다. 그런데 누가 선행을 하는가? 내가 한다. 그런데 그 '나'는 무엇이며, 어디에 있는가? 선행을 하는 아무개가 완전히 존재하지 않는다[全無]는 말은 아니다. 아무개는 눈과 불같이 인연 화합의 결과물인 가유로서 존재할 뿐 실유가 아니라는 말이다.

불이 그렇듯이 아무개를 아무리 해부해도 피와 뼈와 살……뿐 아무개는 찾을 수 없다.

그것이 무아요, 空이다.

空과 무아無我

초기 경전에서 空을 반야경에서 보듯 전문 술어로 사용된 예도 드물지만 '무아無我'라는 표현도 별로 보이지 않는다('윤회'라는 표현도 마찬가지다. 보통 '후유後有'라는 말을 쓰는데 이것은 '다음 생[後]에서 환생한 존재[有]라는 의미다). 그러나 언어적 표현에 매달릴 필요는 없다. 요는 붓다가 무엇을 말했는가 하는 것이다.

소위 '나'라고 하는 현상을 분석해보자.

우선 나의 육체적 부분을 보면 눈, 코, 귀가 있고 살과 뼈 등이 눈에 보이고 만져진다. 그것을 '나의 몸'이라고 생각한다. 그런데 그런 것들은 시시각각 달라지고, 순간순간 변화한다. 아무리 변해도 내 몸은 어릴 때나 지금이나 '똑같은 나'라고 생각한다. 과연 그런가? 어릴 때의 나의 몸을 구성하던 요소는 지금의 나의 몸에는 하나도 없다. 얼굴이든 골격이든 완전히 변했다. 그런데 왜 '같은 나'라고 생각할까?

우유에 열을 가한 후 시간이 경과하면서 미생물이 작용하면 치즈가 되고 치즈가 썩으면 오물이 된다. 우유는 치즈가 아니고 오물도 아니다. 그런데 왜 어린 때의 나의 몸과 나이 든 후의 내 몸을 '같은 몸'이라고 생각할까? 법적으로 호적에 오른 나의 '이름' 때문인가? 그 이름으로 행세하며 자기의 정체성을 확인해온 습관 때문인가? 사실 우유가 치즈가 되고 또 썩어가듯이 우리 몸 또한 계속 변하고 있기 때문에 변치 않는 부분은 존재할 수가 없다(나의 이름만은 변치 않는다). 그러므로 적어도 이렇게 변하는 내 몸을 바로 나의 정체성이라고 말할 수는 없을 것이다.

이분법적으로 보면 '나'는 몸과 마음으로 구성되어 있다. 몸은 시시각각 변하는 게 분명하니 거기에 변치 않는 '나'는 없다. 그렇다면 마음은 어떤가? 정신적 요소들은 육체적 요소인 몸보다 훨씬 더 불안정하게 변한다. 불완전하나마 기억의 연속성에 속아서 (뇌과학에 따르면 뇌는 기억을 조작하고 일관성을 만들어낸다) 변치 않는 내가 있다고 착각하지만 기억과 생각의 주체도 없고 정신현상을 주관하는 자('나')도 없다. 연속되는 것은 아무것도 없다는 것이 무아의 의미다. 그럼에도 우리는 "연속되는 내가 주체로 존재한다"는 맹목적 전제에서 벗어나지 못할 뿐이다. 물론 주체가 없고 연속성이 없다고 해서 살아서 펄떡거리는, 아무개라는 이름을 붙여놓은 존재까지 부정하는 것은 아니다. 무엇이 부정되고 무엇이 긍정되는가를 명확하게 구분해야 한다.

우리는 내 몸과 마음을 포함해서 모든 사물이 무상하게 변화한다는 것을 알고 있다. 그런데 정말로 제대로 알고 있을까? 즉 모든 변화를 변화로 인식하고 있는가?

유감스럽게도 우리는 그렇지 못하다. 오랜 훈습薰習에 의해서 변화하는 중에도 변치 않는 것이 있다는 고집스러운 생각을 벗어나지 못하는 것이다. '나'에 대한 집착도 마찬가지다. 몸이든 마음이든 무상하게 흘러갈 뿐인데도 자기 동일성을 유지하고 있는 '내'가 있다고 집착한다. 그것은 끊임없이 흘러내리는 물방울들 외에 '박연폭포'라는 것이 있다고 생각하는 것이나 마찬가지다.

학생들을 가르쳐보면 대부분 이 대목에서 헷갈리기 시작한다. 박연폭포라는 이름이 가리키고 있는 물줄기는 무상하게 변하지만 '박연폭포'라는 이름은 변하지 않는다. 그래서 변치 않는 박연폭포가 있다고 착각하게 되는 것이다. 이름에 의한 도착倒錯 현상이다. 늘 그렇게 의식적으로 생각한다기보다는 깊은 무의식(예컨대 제7말나식 manas vijñāna)이 그런 허위 관념을 붙잡고 있는 것이다. 이것이 근본 미망인 무명(無明, ignorance)이다.

'박연폭포'라는 이름은 어떤 물줄기를 가리키기 위해 편의상 붙여놓은 기호에 불과하다. 그런 기호를 잊고 물줄기를 그대로 대하면 부단히 흘러내리는 물방울들의 율동이 있을 뿐 거기에 변치 않는 실체는 아무것도 없다.

이것이 불교의 핵심이다.

空과 연기緣起와 중도中道

空과 연기와 중도는 하나의 진실에 대한 세 가지 측면이기 때문에 따로 떼어서 설명할 수가 없다. "연기하므로 空하고, 空하기 때문에 연기한다." 그리고 "연기와 空 자체가 중도"다. 즉 중도가 아니면 연기와 空을 제대로 이해한 것이 아니다. 지금은 이해하기 어려운 게 당연하지만 나중에 자세히 설명할 것이다.

연기는 중관철학의 空과 유식철학의 식識의 변화라는 측면에서 설명할 수 있는데, 여기서는 용수의 空을 중심으로 연기와 空과 중도의 상관관계를 다루겠다.

요즘엔 등잔도 쓰지 않고 성냥도 쓰지 않으니 일회용 라이터를 예로 들어보자. 라이터 불은 라이터 통과 가스와 라이터 돌과 그것을 점화하는 손가락 근력 등이 있을 때 생겨난다. 이 라이터 불은 라이터 통이나 가스 등과 같은 것이 아니다. 그렇다고 해서 라이터 통이나 가스 등과 분리되어 존재하는 것도 아니고, 그 사이 어딘가에 존재하는 것도 아니다. 이 라이터 불은 대체 어디에 있다가 나온 것일까?

불이 타오르고 있지만 온 곳이 없고 그것이 꺼질 때에도 가는 곳이 없다. 우리는 일회용 라이터를 지니고 다니면서 필요할 때 불을 켜지만 그 불이 어디서 오는 것인지, 꺼질 때 어디로 가는 것인지 묻지도 따지지도 않는다. 라이터 통이 있고 가스가 있고 라이터 돌과 점화장치에 이상이 없으면 불이 일어나고, 그 조건들 중에 하나라도 문제가 있으면 불은 생겨나지 않는다는 것을 상식으로 알고 있을 뿐이다.

그렇다. 조건이 '모두' 모이고 '제대로' 맞으면 라이터 불이 생겨난다. 라이터 통과 가스 등 여러 조건들에 '의존해서(patiya, dependent)' 라이터 불이 '일어난다(samutpāda, arising)'. 이것이 연기緣起(patiyasamutpāda)의 의미이다.

라이터 불은 그 자체로 존재하는[獨立自存] 것이 아니고, 여러 원인과 조건들이 모여서 생겨나는 현상이다. 여러 인연이 모이지 않으면 불이 일어나지 않기 때문에 '라이터 불'은 그저 말(prajnapti)일 뿐 실체가 없는 것, 참으로 존재하는 것이라고 볼 수 없다. 바로 여기서! "실체가 없다", 혹은 "참으로 존재하는 것은 아니다"는 말을 바로 이해해야 불교의 핵심에 진입할 수 있다. 실체가 없다는 말은 "그 자체의 고유한 본성이 없다"는 말인데, 이것을 "자성이 없다＝실체가 없다"고 표현하기도 한다. 여기서 空과의 연결고리가 보인다. 가장 기본적인 空의 정의가 "자성이 없기 때문에 空하다[無自性故空]"는 것이기 때문이다.

자체의 본성이 없다는 말은, 하나의 현상은 그것 아닌 것들이 모여서 이루어진다는 말과 같다. 예컨대 '사람'이라는 현상을 보면 누구든 어머니 뱃속에서부터 탯줄을 통해 공급된 바깥세상의 먹거리가 질서있게 배열된 것이다. 즉 '나'라는 본성이 따로 있는 게 아니라 '나 아닌 것들'이 '연기적으로' 모여서 '나'라는 현상이 존재하게 된 것이다. 그래서 '나는 空하다'고 말한다.

그래서 '자성이 없다'는 말은 ① 독립 자존하는 실체가 아니며, ② 무상하게 변해서 자기 동일성을 유지할 수 없다는 말이기도 하다. '空하다'는 말은 '연기한다'는 말과 같다.

라이터 불은 인연들의 화합에 의해, 즉 연기적으로 일어난 현상이고, 이러한 현상은 그 자체의 고유한 본성[自性]이 없기 때문에 空한 것이다. 그래서 "라이터 불은 空하다"고 말할 수 있다. 라이터 불이 空하다고 해서 그것이 존재하지 않는다는 말은 아니다. 시각 기능에 이상이 없으면 누구나 그 불을 볼 수 있고 또

부주의하면 손을 델 수도 있다.

정리하면 라이터 불은 존재하지만 참으로 존재한다고는 할 수 없고[非有], 그렇다고 완전히 없다고 할 수도 없다[非無]. 세상의 모든 사물에 대한 바른 관점은 이렇게 비유비무非有非無 중도中道이다.

이것을 티베트 중관불교에서는 '지나친 긍정'과 '지나친 부정,'을 모두 버리는 것이라고 표현한다. '나'를 '참으로' (즉 불변의, 연속적이고, 자기 동일성을 유지하는 실체로) 존재하는 것으로 보는 것은 지나친 긍정이므로 잘못이며, 그렇다고 해서 몸이 아예 존재하지 않는 듯이 말하는 것은 지나친 부정으로 또 잘못이라는 것이다.

라이터 불은 하나의 예이고 비유이다. 모든 정신적, 물질적 현상이 모두 이 라이터 불같이 연기적이고 空하다. '나'라는 현상은 오온五蘊이 복잡하게 얽혀서 일어나는 불꽃 같은 것이다. 라이터 불이 라이터 통과 가스, 라이터 돌 자체도 아니고, 그것들을 떠나 존재하는 것도 아니듯이, 나 또한 오온 자체도 아니고 오온을 떠나 존재하는 것도 아니며, 그 사이에 존재하는 것도 아니다. '나'라는 것은 오온에 의존해서 일어나는 무상한 현상이요, 따라서 실체가 없이 空한 것이다.

사람이 그렇고 모든 사물이 그렇다.

중론中論의 空과 중도中道

불교는 중도中道다.

앞서 말한 바와 같이 空의 가장 간단한 정의는 '실체가 없다[無自性]'는 것이다. 실체가 없다는 말은 그 자체의 본성을 지니고 있지 않아서 독립 불변의 존재가 아니라는 말이다. 꿈속의 사물은 깨고 나면 사라지니 실체가 없고 신기루 또한 마찬가지다. 내 앞에 있는 사과가 空하다는 것도 최고의 진실로서 그렇다는 말이다. 꿈에 비하면 생시는 '더' 진실하다. 그러나 생시 또한 최고의 진실[즉 空]에 비하면 낮은 차원의 진실이다.

소위 성현이라고 일컬어지는 모든 이들은 이 세상보다 더 진실하고, 더 뛰어나고, 더 안락한 진리를 본 사람들이다. 그것을 불교에서는 空이라고 한다.

그러나 꿈속의 사물도 생시만큼은 아니지만 아주 없는 것은 아니다. '꿈속의 사물'로서는 존재한다. 마찬가지로 이 세상의 사물도 최고의 진실을 깨친 눈으로 볼 때는 空하지만 없는 것은 아니다. 사물의 空함을 꿰뚫어보게 되면 이 세상의 사물들이 마치 우리가 꿈을 꾸거나 환영을 볼 때와 비슷할 것이다.

그래도 사과는 空한 채 여전히 사과이고, 어린아이가 무엇이

냐고 물으면 '사과'라고 답할 것이다. 이것이 가명假名의 세계다. 즉 空을 보는 도인은 사과의 空함도 보지만 그것을 사람들이 사과라고 부르며, 비타민이 많고, 오전에 먹으면 더 좋다는 것도 안다. 최고의 진리인 空도 알고 세상에서 편의상 통용되는 언어적 진리도 동시에 끌어안는 것이 중도이다.

용수보살의 〈중론中論〉에는 空과 연기와 중도를 집약해서 보여주는 게송(24장 18게)이 있다.

因緣所生法(인연소생법)	직간접적 조건에 의해 생성된 사물을
我說卽是空(아설즉시공)	나는 空하다고 말한다.
亦爲是假名(역위시가명)	(그것은) 또한 이름[假名]으로, 즉 현상적으로 존재한다.
亦是中道義(역시중도의)	이것이 중도의 의미이다.

첫 행은 연기를 의미한다. 모든 사물은 직접적 원인[因]과 간접적 조건[緣]에 의존해서 생겨나는 것이다.

제2행은 연기하는 것은 자성이 없으므로 空하다는 것이다. 즉 참으로 존재하는 것이라고 할 수 없다[非有]. 그러므로 空과 연기는 같은 진리에 대한 다른 설명이다.

제3행은 空하지만 임시로 형상과 이름을 갖는다[假有]는 것이다. 연기적이며 空한 채로 이름을 붙일 수 있는 현상의 세계를 부정하지 않는다. 즉 완전히 없는 것은 아니라는 것[非無]이다.

4행은 이렇게 궁극적 진실은 비유비무 중도로 귀착된다는 것이다.

첫 행과 둘째 행에서 말한 연기와 空은 빼어난 진리[眞諦]에 해당하고, 셋째 행은 세상에서 소통되는 통념적 진리[世諦]로 구분된다. 이 둘 중에서 어느 한 쪽으로 치우치지 않는 것, 그것이 중도의 또 다른 의미이다.

어떤 경우에는 더 빼어난 진리인 空[眞諦]에 치우쳐서 이 가명(假名 : 통념)의 세계[世諦]를 인정하지 않는다(물론 空을 깨치는 것이 쉬운 일이 아니므로 이런 경우는 매우 드물 것이다). 그것은 중도가 아니다. 대부분의 중생들은 가명의 세계가 유일하게 진실한 세계라고 믿고 더 뛰어난 空의 진리를 모른다. 이 또한 중도가 아니다. 사과가 空하다는 것을 꿰뚫어보면서 사과 농사를 짓거나 사과의 영양에 대해 연구하는 것이 중도의 실현이다.

진리의 두 가지 차원(眞諦와 世諦)에 대해서는 다음 장에서 다루겠다.

산은 산이고, 물은 물이다

우리 몸이 연기적이며 그래서 空하다는 것은 진리이다. 다른 반쪽은 空하면서 여전히 몸이라는 이름으로 불리는 현상이 있다는 것이다. 앞에서 누누이 말했듯이 空한 채 연기적으로 흘러가는 현상 자체를 부정하는 것은 아니다. 나(의 몸과 마음)는 틀림없이 空하지만 그렇다고 해서 이 순간 자판을 두드리고 있는 아무개가 없다는 말은 아니다. 나는 이렇게 생생하게 존재한다.

무아를 깨달은 붓다도 '나'라는 표현을 썼을 것이다(실제로 자신을 지칭할 때 여래如來라는 표현을 많이 썼지만). 불변의 실체로서의 '나'는 존재하지 않지만 변화하는 사물로서의 '나'는 존재하고, 소통을 위해 그 존재를 지칭하는 기호(이름)를 붙인다. 붓다가 '나'라고 한 것은 후자로서의 '나'를 말한 것이다.

몸이라는 현상 자체를 부정하지 않는다고 해서 안심하기에는 이르다. 몸이라는 것이 연기적이며 空하다는 것을 확실하게 볼 때의 몸은 중생들이 보고 생각하는 몸과는 다를 것이 분명하다.

오래전에 성철 스님이 신년법어로 내놓은 "산은 산이요, 물은 물이다"라는 공안을 통해 인식의 세 차원을 살펴보자(이 공안은 성철의 독창이 아니라 중국산이다).

첫 단계에서 몸은 몸이다("산은 산이요, 물은 물이다"). 이때의 몸은 몸의 空함을 보지 못하고 실체성(독립 자존성, 불변성, 연속성)을 부여하고 보는 몸이다. 즉 '몸'이라는 이름에 대응하는 실체가 존재한다고 믿는 통념[世諦]에 머물고 있다. 몸의 진실[空한 實相]이 가려진 나이브한 긍정이다.

두 번째 단계에서 몸은 몸이 아니다("산은 산이 아니고, 물은 물이 아니다"). 몸의 空함을 보았을 때 그 몸은 전에 보던 그 몸이 아니다. 실체로서의 몸에 대한 부정이다. 최고의 진실[眞諦]인 空의 차원에서는 통념적 차원이 부정되는 것이다.

세 번째 단계에서 몸은 여전히 몸이다("산은 산이요, 물은 물이다"). 첫 단계의 나이브한 긍정(통념적 진실-世諦)과 두 번째의 부정(최고의 진실-眞諦)을 동시에 끌어안는[雙照] 중도로서의 몸이다. 몸에 대한 대긍정이다. 空하기 때문에 몸이라고 할 것도 없지만 그래도 통념에 따라 몸이라고 부른다. 동시에 '몸'이라고 부르면서도 그 空함을 여의지 않는다.

성철 스님의 "산은 산이요, 물은 물이다"는 세 번째 대긍정의 메시지이다.

空에 대한 체험은 언어문자로 가늠할 수 없다. 파리는 밥과 똥과 사람의 머리를 가리지 않고 온갖 것에 다 앉지만 불꽃 위에는 앉지 못한다. 그와 마찬가지로 중생의 언어와 사고는 空의 실상, 곧 진리 위에는 앉지 못한다. 그래서 진리에 접근하는 말과 글의 길이 끊어지고[言語道斷], 마음이 노닐 곳이 없다[心行處滅]고 말하는 것이다.

티베트 불교에서는 오직 붓다만이 몸의 空함과 현상으로서의 몸을 동시에 볼 수 있다고 한다. 즉 웬만해서는 어느 한 극단에 치우치게 된다는 것이다. 空에 치우치면(일부 수행자들의 경우) 현상에 어둡고, 반대로(절대다수의 중생) 현상에 집착하게 되면 空을 볼 수 없는 것이다.

空의 세계

●

진리의 두 가지 차원

空은 자성이 없다는 말인데 꽃 한 송이를 들어 그 말을 풀면 이러하다.

꽃 한 송이가 ① 그 자체로 독립적으로 존속할 수 없다는 것은 꽃을 이루는 여러 가지 조건(토양, 물, 온도…… 등) 중에 하나라도 모자라거나 부실하면 존재할 수 없다는 말이다. ② 그리고 꽃은 순간순간 변하고 있어서 한순간도 자기 동일성을 유지할 수 없다……. 그래서 꽃은 空하다! 여기까지는 별 어려움이 없을 것이다.

"내가 空하고, 꽃도 空하다는 게 그런 의미라면 이해 못할 것도 없다. 그래서 어쩌란 말인가?"

일단 여기까지 이해했다면 여러분은 난해하다는 空사상을 적어도 언어적으로는 이해한 것이다. 일단 됐다!

인도철학에서 이러한 지적인 이해를 anubodha라고 한다. 만약 누가 여러분에게 空이 뭐냐고 물었을 때 위와 같이 이해한 대로 대답한다면 여러분은 '정답을 맞춘' 것이다. 空의 정답이란 곧 空에 대한 참다운[眞] 이치[理], 空의 진리다. 즉 여러분은 '空의 정의'를 언어적으로, 지적으로 이해한 것이라고 말할 수 있다.

그래서 누가 여러분에게 "空의 진리를 이해했습니까?"라고 물으면 여러분은 그렇다고 답할 것이다. 그런데 그 사람이 다시 "그렇다면 空의 진리를 깨달아서 부처가 되셨습니까?"라고 물으면, 선뜻 그렇다고 답을 할 수 없을 것이고 왠지 空을 '이해'한 것과 '깨달은' 것은 좀 다를 것 같다는 생각이 들 것이다. 그렇다. 좀 다르다.

이와 같이 앎에는 두 가지 차원이 있다.

anubodha[지식, 分別智]는 '空의 진리'를 지적인 차원에서 이해한 것이고, paṭivedha[통찰, 無分別智]는 '空의 진리'를 깊이 통찰한 것, 혹은 깨닫는 것이다.

지적인 이해를 세제(世諦 : 통념적 진리, 세속의 진리)라고 하고, 통찰하는 앎을 진제(眞諦 : 참된 의미의 진리, 뛰어난 진리)라고 한다. 지적인 이해는 통찰하는 지혜에 이르는 수단이 될 수도 있고, 지적인 이해 자체가 깊어져서 지혜가 열릴 수도 있다. 우리는 종종 지적으로만 알고 있었던 사실을 깊이 깨달을 때가 있는데 그런 차이다. 용수보살은 〈중론〉에서 이렇게 말했다.

두 가지 진리에 의존해서 모든 부처님은 법을 설했다.
[그것은] 세속적 입장의 진리[世諦]와 궁극적 입장의 진리[眞諦]이다.
이 두 가지 진리의 구별을 모르는 사람들은
부처님이 가르치신 심원한 진리를 이해하지 못한다.
세속의 표현에 의존하지 않고는 궁극의 진리를 설명할 수 없고, 궁극의 진리에 도달하지 않는다면 열반을 체득할 수 없다.

- 〈중론, 24.10〉

지적으로만 알고 있을 때(anubodha)는 지식이 이성의 거죽에 머물러 있어서 의식에 이렇다 할 변화가 일어나지 않는다. 마당에 거름더미가 쌓이듯이 기억장치에 지식이 쌓였을 뿐이다. 그러나 같은 내용의 지식이라도 어떤 계기를 통해 깊은 통찰(paṭivedha)에 이르게 되면 인식론적(=존재론적) 변화가 일어날 수 있다. 그것을 불교에서는 '깨달음[覺]'이라고 한다. 물론 변화의 폭과 깊이는 다양하다. 아주 얕은 차원의 깨달음도 있고 붓다가 성취한 완전하고 가장 높은 차원의 깨달음, 즉 무상정등정각無上正等正覺도 있다. 얕고 깊은 차이는 있지만 불교의 깨달음은 곧 空의 진리에 대한 통찰이며, 깨달음이다.

말과 생각으로 아는 세제의 空은 강의를 하고 논문을 쓰는 데는 유용한 지식이지만 궁극적 자유를 가능하게 하는 체험적 진리, 즉 진제는 아니다. 세제는 空을 이해하는 지식이요, 진제는 空을 통찰하는 지혜다. 지식은 말과 생각의 범주요, 지혜는 말과 생각의 피안이다.

그러나 空을 통찰하는 지혜 역시 언어를 통해 지시되고 표현될 수 있다. 空의 지식이 손가락이라면 空의 지혜는 달과 같은 것이다. 세제를 통해 진제를 가리킬 수 있는 것이다. 불교의 팔만대장경과 모든 진리의 말씀도 필경에는 空을 가리키는 손가락이요, 세제다. 세제는 궁극적 진리의 실현은 아니지만 세제(언어적 표현)를 통해 진제를 향해 나아갈 수 있다. 세제와 진제의 구별을 모르면 불교를 이해하지 못한다.

적절한 비유인지 잠깐 고심했지만 세제와 진제의 관계는 숯과

다이아몬드에 비유할 수도 있다. 이 둘은 같은 탄소로 구성되어 있지만 원자들의 배열구조가 달라서 서로 다른 물건이 되었다.

空에 대한 지식도 화학적 변화를 일으켜 지혜가 될 수 있음을 우리는 역사적 사례로 알고 있다. 예를 들어 보조국사 지눌知訥의 깨달음은 세 번 다 경전을 읽던 중에 일어났다. 언어와 책을 버리고 생각까지 놓고 앉아 있는 것도 공부지만 책과 말을 통해 얻는 길도 있는 것이다.

그러나 어떤 경우에도 세제는 반쪽의 진리요, 진제에 이르는 징검다리일 뿐이다. 空을 언어적으로 이해하는 것도 중요하지만 더 중요한 것은 空을 통찰하고 空을 사는 일이다. 그렇다고 해서 진제[空]가 전부라는 것은 아니다. 진제 또한 세제와 균형을 이루지 못하면 반쪽이 된다.

지금 여기서 경험하는 세상 밖에 또 다른 진리의 왕국은 없다. 空의 진리에 눈을 뜨지 못하면 세제에 사는 것이고, 눈을 뜨면 진제에 사는 것이다. 진제와 세제는 밖에 있는 것이 아니라 내 속에 있다. 세제와 진제가 균형을 이룰 때[中道] 붓다의 진리가 완성된다.

중생이 보는 세상

중학생도 영리하면 空의 의미를 이해할 수는 있지만 空의 진리를 통찰하고 깨닫는 이는 드물다. 여기서 두 가지 궁금증이 생긴다.

空을 깨달은 사람이 보는 세상과
보통 사람이 보는 세상은 어떻게 다른가?

그러나 이 물음은 다음의 물음으로 대체되어야 한다.

空을 깨달은 사람의 마음은 어떠하며,
보통 사람은 어떤 마음으로 세상을 보는가?

중요한 것은 '세상'이 아니라 세상을 보는 '나의 마음'이다. 파란색 선글라스를 낀 사람[주체]이 보는 세상은 파란 세상[객체]이다. 그것은 무학 대사와 이성계 간의 문답과 같다. 돼지 눈에는 상대방도 돼지로 보인다. 주관이 없는 '순수' 객관 세상은 존재할 수 없고 언제나 주관에 비춰진 세상이다. 空을 깨달은 사람이 보는 세상은 물론 空하지만, 이때 중요한 것은 '空을 통찰하는 내 마음'이지 사물이 아니다.

꿈에서 막 깨어난 사람은 처음에는 꿈과 생시를 구별하지 못하다가 차츰 생시가 꿈보다 더 리얼(real)하다고 생각할 것이다. 그러나 空을 깨친 사람은 증언한다. 생시라고 생각하는 이 세상이 또 다른 꿈이라는 것을.

꿈속에서는 꿈인 줄 모르다가 꿈을 깬 후에야 비로소 꿈과 생시의 차이를 알고, 어린아이가 영화를 사실로 알고 울고 웃다가 영사기가 멈추고 불이 켜지면 현실과 영화의 차이를 안다. 중생의 세상살이도 그와 같다.

空의 진실을 모르고 '실체'로 여기며 살다가 空을 깨닫는 순간 지난 삶이 기나긴 꿈이었음을 아는 것이다. 꿈보다 생시가 더 리얼하듯이 중생이 보는 세상보다 붓다가 보는 세상이 더 리얼하고 일상적 세상[世諦]보다 空한 세상[眞諦]이 더 리얼하다. 그래서 空을 '최고의 진리[第一義諦, Paramārtha-satya]'라고 하는 것이다.

세제와 진제가 단절되어 있지 않고, 세상을 보는 두 가지 관점이라면 그 둘의 관계는 어떠한가? 먼저 몇 가지 비유를 들어보겠다. 비유는 훌륭한 방편(upāya)이다.

앞서 예로 들었듯이 가장 흔한 사례가 꿈과 생시의 비유다.

우리는 꿈속에서 현실과 똑같은 사물과 사람을 경험하고, 꿈속에서의 심리현상도 생시와 구별되지 않는다는 것을 안다. 그래서 어떤 때는 꿈과 생시가 헷갈리기도 한다.

이렇게 꿈과 생시는 다르지만 꿈이라는 현상 자체는 가짜가 아니다. 즉 꿈도 제한적인 의미에서 진실[世諦]이지만 현실의 진실성[眞諦]이 더 우월하다. 진제를 제일의제(第一義諦 : 최고의 진실)라고도 하는데, 최고의 진실에 견주면 우리가 사는 세상은 또 다른 꿈이다. 말하자면 진실성의 단계를 '꿈-생시-空' 순으로 도해할 수 있다. 그래서 진제를 경험한(즉 깨달은) 이들은 "생사를 되풀이하는 기나긴 꿈을 깼다"고 표현하는 것이다.

또 많이 회자되는 비유는 안질眼疾이다. 눈병에 걸리면 세상이 다르게 보이기도 하고, 눈앞에 무엇인가 어른거리기도 한다. 건강한 사람의 눈앞에는 아무것도 없는 것이 진실[眞諦]이다. 그런데 눈병이 나서 마치 무엇인가가 어른거리는 것[幻影, 空華]이 실제로 있는 듯이 보이는데, 그것은 가짜이다. 가짜이기는 하지만 그런 병적 현상 자체가 아주 없는 것은 아니다[世諦]. 눈병에 의존[緣起]해서 그런 현상이 나타나는 것이다.

사막의 대상隊商들이 보게 된다는 신기루도 마찬가지다. 신기루 현상에 대응하는 실체는 없다[眞諦]. 그렇지만 대상의 정신적 피로와 사막의 대기현상에 연기해서 나타나는 현상 자체가 없는 것은 아니다[世諦]. 티베트 불교에서는 마술사가 만들어내는 환상으로 진제와 세제를 설명하기도 한다.

영화 〈매트릭스(Matrix)〉를 보면, 멀쩡한 사람들이 푸른 하늘과 빛나는 태양 아래에서 분주하게 살고 있는 듯이 보이는 것은 기계들이 조작한 전기적 자극의 결과이고, 태양이 사라진 암흑 속 캡슐 속에서 전기를 생산하기 위해 사육되고 있는 것이 진실이다.

아마도 우리가 사는 세상은 가짜가 아닐 것이다(그러나 누가 알겠는가?). 그렇다고 하더라도 최고의 진실[空]에서 볼 때 우리의 모든 경험은 업식業識에 비친 만화경과 같은 것이다. 그것은 영화 속 매트릭스의 진실과 크게 다를 바가 없다.

우리가 사는 세상이 환상이 아니라는 것을 입증할 수 있겠는가? 우리는 촉수[감각과 지각]를 통해 현실을 경험하지만 그 촉수의 원천에 대해서는 알 수가 없다. 그 원천이 전기적 신호인지 실재하는 세계인지 알아낼 방도가 없는 것이다. '실재(reality)'란 우리가 믿고 있듯이 확고부동한 것은 아니다.

말하자면 최고의 진실인 空의 세계는 우리가 사유와 언어를 매개로 해서 일상적으로 경험하는 세계와는 다른 차원이다. 우리가 의심 없이 믿고 있듯이 바람 불고 비 내리는 이 세상도 '나름대로' 리얼하지만 空한 진실은 더욱 리얼하다. 그러나 空한 진실 역시 바람 불고 비 내리는 이 세상의 '지금 이 자리'를 떠난 다른 시점과 다른 장소에 존재하는 것은 아니다.

기계가 만들어낸 현실을 살다가도 그것이 조작이라는 것을 아는 바로 그 자리가 현실에 대한 깨달음의 자리이고, 꿈을 꾸다가 깨면 식은땀이 마르지 않은 잠자리가 바로 현실인 것이다. 꿈속에서 꿈을 꾸고 있다는 것을 아는 사람이 있듯이 깨달은 사람은 이 세상이 또 다른 꿈이라는 것을 안다. 꿈 같은 이 세상 속에서 눈을 뜨고 있는 이가 바로 부처다.

마지막으로 예를 하나만 더 들어보자.

나는 어릴 적 고모의 손을 잡고 극장에 가서 〈삼손과 데리라〉를 보았다. 영화를 처음 본 나는 화면 속에 또 다른 공간이 있어서 말 탄 병사들이 스크린 밖으로 튀어나오지 않을까 조마조마했다. 화면 속의 병사가 실체는 아니지만 그렇게 보이는 것은 광학적 진실이다. 그러나 보다 더 높은 차원의 진실은 뒤쪽의 영사기가 돌아간다는 사실이다.

부처가 보는 세상

空의 체험을 논하는 것은 히말라야의 이상향인 샹그릴라(Shangri-La)에 다녀온 탐험가가 그곳의 신비로운 경치와 거기서 먹은 신비한 과일의 맛을 동료들에게 이야기하는 것과 같다. 탐험가가 아무리 달변이라고 해도 풍광의 아름다움과 과일의 맛과 향을 그대로 묘사하기는 어려울 것이다.

신비로운 이야기를 들은 일부 동료는 허황된 소리로 치부할 것이고, 또 일부는 시각과 미각적 상상력을 동원해서 친구의 경험을 추체험해보려고 애쓰겠지만 곧바로 히말라야로 떠날 채비를 하는 친구는 별로 없을 것이다. 그런데 문제의 탐험가가 신비의 과일 덕분에 자기들과 같이 늙고 병들어가지 않고, 젊음과 건강을 유지하는 것을 두 눈으로 보게 된다면 실제로 네팔행 비행기편을 알아보는 사람도 생길 것이다.

마찬가지로 진리는 스스로 체험을 통해 확인하는 것이라서 그 경천동지할 체험 자체는 주고받을 수가 없지만, 체험자의 기록만큼은 전해질 수 있고, 때로는 신심信心을 불러일으켜서 직접 그 길을 나서게 할 수도 있을 것이다.

다음에 소개하는 것은 '신비의 과일'을 먹은 사람들의 이야기다.

(1)

꿈속에서는 명백하게 육취가 있었는데

깨친 후에는 텅 비어서 대천세계가 없구나!

夢裏明明有六趣(몽리명명유육취)

覺後空空無大千(각후공공무대천)

현각(玄覺, 665~713)의 〈증도가證道歌〉의 일부이다. '꿈속'이라는 것은 깨치기 전의 삶을 가리킨다. 깨닫기 전에는 여섯 갈래[六趣]의 세계(극락-인간-아수라-축생-아귀-지옥세계)가 다 있었는데 깨닫고 보니 온 우주(大千=三千大千世界)가 다 비었다는 말이다.

분별하는 마음으로 볼 때는 극락도 있고 지옥도 실재한다.

어떤 사람들은 삼계육도三界六道의 차별을 비유나 신화적으로 이해하는데 나는 그렇게 보지 않는다. 그런 것들이 '실체적으로' 존재한다는 것이 아니라 '空한 채로' 차별적인 모습으로 존재한다는 말이다. 우리가 사는 인간 세상은 부정할 수 없지만, 극락과 지옥은 사람들을 독려하는 당근과 채찍일 뿐이라고 편하게 이해하는 것은 그 사람 자유지만, 삼계육도가 '인간 세상의 실재성만큼' 실재한다는 것이 나의 소견이다.

깨친 후에 온 우주가 다 비었다는 것은 물론 무분별지無分別智

에 이르러서 空이 온전히 드러났을 때의 얘기다.

의상義湘의 〈법성게法性偈〉의 첫머리가 "법성(法性=空性)은 원융(圓融 : 온통 하나로 녹아서)해서 두 모습이 아니다[法性圓融無二相]"는 것인데, 두 모습이 아니라는 것은 총체성에서 하나라는 말이다. 이러한 체험은 물론 아주 드물지만 어떤 과학자의 '물리학적' 술회에서도 그 기미를 엿볼 수 있다.

> 늦여름의 어느 날 오후, 나는 해변에 앉아서 파도가 일렁이는 것을 바라보며 내 숨결의 리듬을 느끼고 있었다. 그런데 바로 그 순간 나는 나를 둘러싸고 있는 모든 것이 하나의 거대한 우주적 춤을 추고 있다는 것을 돌연 깨달았다. [중략] 나는 그때 수많은 입자들이 창조와 파괴의 율동적인 맥박을 되풀이하면서 외계로부터 쏟아져내려오는 에너지의 폭포를 '보았던 것'이다.
>
> 나는 또한 원소들의 원자와 내 신체의 원자들이 에너지의 우주적 춤에 참여하고 있다는 것을 '보았다'. 나는 그 리듬을 느꼈고, 그 소리를 '들었으며', 그리고 그 순간 그것이 바로 힌두교들이 숭배하는 춤의 신神인 '시바의 춤(Dance of Shiva)'이라는 것을 깨달았다.
>
> \- 프리초프 카프라, 《현대물리학과 동양사상》 중에서

(2)

마음(달)이 홀로 밝아

그 빛이 만상을 삼키네

마음과 대상을 함께 잊으니

이것이 무엇인고?

心月孤圓(심월고원)

光呑萬像(광탄만상)

心境俱忘(심경구망)

復是何物(부시하물)

이것은 경허(鏡虛, 1846~1912)의 오도송으로 알려져 있다.

여기서 마음을 달에 비유하고 있지만 전체적으로 평이한 게송이다. 마음이 온 세상을 다 삼켰다는 것은 "세계는 마음이 전개된 것[三界唯識]"이요, "마음 밖에 아무것도 없다[心外無物]"는 화엄華嚴과 유식唯識의 이치를 설파한 것이다. 마음(주체)과 세계(객체)의 이원성이 마음으로 일원화되는 것은 감산(憨山, 1546~1623) 대사가 자서전에서 묘사한 체험과 유사하다.

생각건대 이러한 체험은 비단 불교의 전유물이 아니라 인류 보편의 집단(collective) 체험일 것이다. 유력한 가설에 의하면 현생 인류의 조상은 20만 년 전쯤 아프리카에 살았던 한 할머니인데 아프리카의 이브(African Eve)로 불린다. 그 할머니의 자식들이 다르면 얼마나 다르겠는가?

아마도 감산의 자서전만큼 깨달음의 체험을 소상하게 묘사한 기록도 흔치 않을 것이다. 앞서 말한 바와 같이, 空을 직접적으로 경험할 수 있는 체험관 같은 것은 있을 수 없고 경험자의 증언을 들을 수 있을 뿐인데, 이와 같이 정성스러운 기록이 존재한다는 것은 고마운 일이다. 감산의 자서전에는 다음과 같은 내용이 있다.

> 하루는 다리 위에 앉아 있다가 홀연히 내 몸을 잊어버렸다. 그러자 곧 고요한 상태로 들어갔다. 이때부터는 어떤 소리를 들어도 모두 고요하기만 했고 두 번 다시 시끄러운 소리로 들리지 않았다. [중략] 하루는 죽을 끓여먹고 경행經行을 하다가 홀연히 삼매에 들었다. 몸과 마음은 사라지고 오직 큰 빛의 세계가 펼쳐졌는데, 원만담적(圓滿湛寂 : 모든 것이 충족된 맑고 고요한 경지)한 것이 크고 둥근 거울 같았다. 산하대지는 그 속에 그림자처럼 나타나 보였다. 그럼에도 나의 자각은 명료했고, 내 몸과 마음을 살펴보았지만 하나도 찾을 수 없었다. 삼매에서 깨어나자 나는 즉시 게송을 읊었다.

문득 미친 마음이 쉬니

안팎의 근진(根塵 : 주관과 객관)이 하나가 되었네.

몸을 뒤채어 태허太虛를 부숴버리니

삼라만상이 생겼다가 사라지네.

瞥然一念狂心歇(별연일념광심헐)

內外根塵俱洞徹(내외근진구통철)

翻身觸破太虛空(번신촉파태허공)

萬象森羅從起滅(만상삼라종기멸)

空을 깨닫는 순간의 감흥은 사람마다 각양각색인데 놀라움, 통쾌감, 어리둥절함, 이질감, 해방감 등을 토로한다. 일상에서 흔히 겪는 일과는 비교할 수 없는 경험인 듯해서 보통 사람들은 왠지 불편하거나 위화감까지 느낄 수도 있을 것이다. 그러나 이 공부는 본래 즐거운 것이다.

다음은 붓다의 제자 밧디야(Bhaddiya)의 에피소드이다.

어느 때 세존은 아누피야 교외의 망고 숲에 계셨다.

그때 칼리고다의 아들 밧디야 존자가 숲이나 나무 밑이나 빈 집에 있을 때 언제나 "아, 행복하다! 참으로 행복하다!"고 읊조렸다. 비구들은 밧디야가 출가생활의 괴로움을 이기려고 왕이었던 때의 즐거움을 회상하는 것이라고 수군거렸다. 이를 안 붓다가 밧디야를 불러 물었다.

“밧디야여, 그대는 무슨 까닭으로 어딜 가든 ‘아, 행복하다! 참으로 행복하다!’고 읊조리는가?”

밧디야가 대답했다.

“세존이시여, 저는 세속에서 왕으로 있을 때 궁전의 성곽 안팎이나 국경의 수비가 튼튼했습니다. 그런데 그렇게 엄중한 보호를 받고 있을 때에도 저는 늘 혼란스러웠고, 두려움에 사로잡혀 있었습니다. 하지만 세존이시여, 저는 지금 깊은 숲속이나 나무 밑이나 외딴 곳에 있는 빈집에 홀로 있어도 두려움이 없고, 마음의 혼란이나 근심도 없어서 항상 편안하고 만족하며, 사슴과 같은 마음으로 지냅니다. 스승이시여, 저는 이러한 까닭에 항상 ‘아, 행복하다! 참으로 행복하다!’고 노래하는 것입니다.”

그러자 붓다는 그 마음을 알고 노래(Udana)를 읊었다.

안으로 분노가 사라지고
유有와 비유非有를 떠난
두려움과 슬픔을 벗어난 행복감은
신들도 감히 엿볼 수 없다.

- 〈Udana, Bhaddiyasutta〉에서 발췌

유와 비유를 떠났다는 것은 앞에서 여러 번 말한 바와 같이 중도를 의미한다. '나'는 참으로 존재하는 것[有]도 아니고, 그렇다고 완전히 존재하지 않는 것[非有]도 아니다.

空을 보는 법[空觀]

진리[空]를 가리는 것, 중생의 마음

空은 최고의 진리[第一義諦]지만 중생의 마음은 그것을 보지 못한다. 거짓과 진실이 뒤집혀[轉倒] 있고, 꿈속같이 허망한 생각[夢想] 때문이다. 중생심은 아무리 기특해도 전도몽상이라서 空의 진실을 덮고 가린다.

〈화엄경〉에서 "부처와 중생과 마음은 차이가 없다"는 것은 근본적인 입장, 혹은 무차별적 관점, 혹은 최고의 진실[空]의 견지에서 한 말이다. 그러나 중생의 차별적 입장에서는 부처는 부처이고 중생은 중생으로 서로 다르다. 부처는 중생에게 "나와 너는 차이가 없다"고 하는데 중생은 한사코 다르다고 하는 것이다. 승찬僧璨 대사는 〈신심명信心銘〉 서두에서 "최고의 진리를 깨닫는 것은 어렵지 않다[至道無難]. 단지 밉다-곱다는 분별망상만 하지 않으면 된다[但莫憎愛]"고 했다.

분별지分別智와 생멸심生滅心, 혹은 망상妄想은 모두 깨닫지 못한 '중생의 생각'을 가리킨다(부처는 깨달은 중생이다). 중생의 마음도 본래 부처의 마음이지만 제 꾀에 제가 속아 진리[空]를 장애한다. 선지식들이 한사코 "놓아라![放下着]"고 소리치는 것은 중생의 사유 관행과 집착이 그만큼 강하기 때문이다.

경전을 읽다가 혹은 강의를 듣다가 혹은 책에서 읽거나 남에게서 들은 내용을 골똘히 생각하다가 문득 생각이 끊어지면서[心行處滅] 진리[空]의 문이 열릴 수도 있다. 아니면 염불을 하거나 주력수행을 하거나 참선을 하다가 진리의 문에 들어갈 수도 있는데, 이런 경우에도 사실상 언어화된 가르침을 통해서 특정 수행의 길에 들어섰으므로 세제를 통해 진제에 들어가는 것이라고 말할 수 있다.

이렇게 세제를 통해 진제로 들어가는 문이 열리기도 하지만 대체로 세제는 진제를 가린다. 언어 문자와 그 배경인 생각[世諦]에 얽매여서 그것이 가리키는 진리[眞諦]를 보지 못하는 것이다. 그래서 '놓아라', 혹은 '쉬어라[休, 歇]'는 가르침은 말을 놓고 생각을 쉬라는 것이다.

다음 몇 가지 사례는 진리의 영토에서 사람의 인식능력이 얼마나 무력한가를 보여준다.

사람의 감관과 지성에 맞춰서 사물을 이해하거나 소통하기 위해 이름을 붙이고 말로 설명하는 것이 세제라면, 진제[空]는 사람이 언어로 가르고 규정하기 전의 '있는 그대로의 세계'에 가깝다. 사람의 인식작용이 가해지지 않은 처녀지, 혹은 칸트의 물자체物自體가 空의 메타포일 수도 있다.

다음은 앨런 와츠(Allen Watts)의 말이다. 이분은 20세기 중반 선禪이나 노장老莊 사상과 같은 동양사상의 전통을 서구에 이식한 탁월한 해석자다.

……이렇게 의식의 전체 영역을 선별된 주의력이 단순화시킨 단위가 소위 물체나 사건, 사실들이다. 우리는 어떤 물체가 우리가 의식을 집중시키기에 앞서 처음에 본 그 물체라고 단순하게 생각하기 때문에 전체로부터 분리된 의식의 단위가 사실이라는 점을 보통 잘 알아차리지 못한다.

확실히 눈이란 우리가 흔히 생각하는 방식으로 물체를 보는 것이 아니다. 눈은 본래 아주 자세하게 시계의 전 영역을 볼 수 있다. 다만 물체 또는 사물은 의식의 집중에 의해 의식의 영역이 쉽게 다룰 수 있을 만큼 작은 단위로 쪼개져 있을 때 마음에 들어올 수 있게 된다.

그러나 우리는 이 과정을 발견해내는 행위로 생각하는 경향이 있다. 그래서 시각과 촉각의 영역을 점검하는 과정에서 지성은 외부세계에 실제로 어떤 물체가 있다는 결론에 이르게 된다.

– 앨런 W. 와츠(Allen Willson Watts, 1915~1973)

눈이 본래 아주 자세하게 시계의 전 영역을 볼 수 있는지 여부는 잘 모르겠지만 눈이 사물을 지각할 때 의식이 관여해서 대상을 제한한다는 것은 분명하다. 즉 우리가 세상의 사물을 있는 그대로 보는 것이 아니라 우리의 시각기관과 의식이 정하는 대로 볼 수밖에 없다는 말이다.

다시 말해서 우리의 감각이나 사고는 있는 그대로의 세계를 받아들일 만큼 유능하지 못해서 그 능력에 맞는 만큼만 선별적으로 대상을 '가져온다'는 것이다. 그렇다면 우리가 대상이라고 인식하고 있는 것이 거기에 실제로 존재하는지, 존재한다면 실제로 어떤 것인지 알 수 있는 길이 전혀 없다.

우리의 이해력과 생각이라는 것은 세상의 본 모습을 보기에는 상당히 불만스러운 도구이다. 불교적으로 말하면 우리는 세상을 있는 그대로 보는 것이 아니라 우리의 업業을 통해 '구성한다'. 우리에게 주어진, 정확히 말하자면 진화의 결과로 습득된 한정된 능력으로 세계를 인식하고 해석한다는 뜻이다.

유식철학에 의하면 삼계의 중생은 제각기 업이 다르기 때문에 사물을 다르게 인식한다고 한다. 같은 물[水]을 색계色界 천인天人은 보석으로 보고, 사람은 물로 보며, 아귀는 피고름으로, 지옥의 중생은 화염으로 본다고 한다. 우리는 우리에게 우연하게(혹은 인과율에 의한 필연으로) 갖춰진 시각기관이 보여주는 대로 볼 뿐이다.

그렇다면 인간이 물이라고 부르는 대상은 '본래' 무엇일까? 그것은 중생들의 업에 비친 보석도 아니고, 물도 아니고, 피고름도 아니며, 불길도 아니다. 그렇다면 과연 그것은 무엇일까?

우리는 우리에게 보이는 것이 사물의 진실한 모습이라고 믿는다. 누가 보든 물은 물이고, 불은 불일 뿐이라고 생각하는 것이다. 사람은 사람이기 때문에 물을 물로 보면서 소통에 불편을 겪지 않는다. 그러나 앞서 소개한 바와 같이 그것은 사람들끼리 공통된 업[共業]을 갖기 때문이지 다른 세계의 중생(예컨대 강아지나 바퀴벌레)도 똑같이 보는 것은 아니라고 불교는 말한다.

노벨 생리의학상을 받은 신경과학자 존 에클스의 말을 들어보자.

나는 현실세계에 우리가 보는 색깔이 실제로 존재하지 않으며, 우리가 맡는 향기도 존재하지 않으며, 우리가 선호하고 싫어하는 어떤 아름다움도 추함도 현실세계에는 존재하지 않는다는 것을 여러분들이 알기를 바랍니다.

우리의 지각기관의 한계 저 너머 실제로 존재하는 것은 무작위적이고 변화무상하게 흘러가는 '양자陽子 스프'일 뿐입니다. 따라서 우리가 무엇을 지각한다는 것 자체가 마술과 같습니다. 우리는 일상적인 의식 상태에서 그와 같은 양자 스프를 받아들여서 물질적 현실로 전환해서 경험하기 때문입니다.

– 존 에클스(John Eccles, 1903~1997)

이 과학자는 감각 혹은 지각이라는 것이 얼마나 자의적일 수 있는가를 말하고 있다. 그러나 여기서 말하는 양자 스프조차도 우리가 직접적으로 지각하는 것이 아니다. 단지 인간의 지각능력과 사유구조에서 도출된 상상의 산물이요, '우리가 알 수 없는 것'에 붙여진 이름일 뿐이다.

앞서 말한 바와 같이, 우리가 아무 불편 없이 쓰고 있는 개념이나 이론체계는 세계(의 실상)를 그대로 보여주는 것은 아니다.

당구공을 예로 들어보자. 당구공 두 개가 부딪히는 순간 '딱!' 소리가 난다. 그 순간 우리는 '맞았다!'고 말한다. 과연 '맞았다'는 것은 어떤 상태를 가리키는가? '맞았을' 때 두 개의 당구공 사이에 틈이 있는가, 없는가, 혹은 그 순간에 붙어 있는가, 떨어져 있는가? 둘 중 하나여야 하는데 사정이 간단하지 않다. 틈이 없이 붙었다고 한다면 하나가 되었다는 이야기인데, 당구공 두 개가 '맞는' 순간 하나가 되었다가 곧바로 둘로 나누어진다는 것인가?

그럴 수는 없다. 그렇다면 맞는 순간에도 떨어져 있다는 것인가? 소리가 나고 힘이 전달되는 것을 보면 그것도 말이 안 된다. 눈으로 번연히 보고 있는 현상을 말로 하자니 모순이 되고, 이율배반이 된다.

불자拂子를 탁자에 대고 붙었는가 혹은 떨어졌는가 묻는 선문답도 당구공 이야기와 엇비슷하다. 이것은 언어와 언어에 의존하는 우리의 인식기능이 얼마나 무능한가를 보여준다. 화성에 우주선이 가는 세상에서 단순히 당구공이 부딪히는 현상 하나에 대해서도 우리의 이성에 근거한 언어로는 그 순간에 틈이 있는지 없는지조차 확정할 수 없다. 당구공만 그런 것이 아니라 세상의 모든 현상이 그렇다.

칸트의 이율배반(Antinomy)을 보라. 우리는 우주의 시간적 '시초'와 공간적 '무한'이라는 단어를 마치 잘 안다는 듯이 거리낌없이 쓰고 있다.

그러나 시초와 무한은 사유되지 않는다. 그저 아득할 뿐, 우리는 시초도 모르고 무한도 모른다. 그런 것이 없다는 말이 아니라 있는지 없는지 모른다. 다시 말해서 생각과 언어로는 파악되지 않는다.

앞에서 空의 진리가 단순함을 보았다. 즉 '자성이 없어서' 空한 것인데, 여러 조건들이 연기적으로 일어나는 것이므로 그 자체의 고유한 본성은 없는 것이고, 따라서 변한다는 말이다.

이러한 이치[世諦]를 알면, 그것을 바로 깨달으면 그만일 것인데, 왜 그게 마음대로 안 될까? 그것은 자성이 없는 것을 이치로는 이해하지만 오랜 생을 거치며 자성이 있다는 착각을 반복적으로 강화하고 고착시켜 왔기 때문에 이러한 고질적인 집착(이것을 무명이라고 한다)으로부터 벗어나지 못하는 것이다.

그래서 우리는 변화를 말하면서도 정작 변화를 보지는 못한다. 사람의 생각이 그만큼 유연하지도 자유롭지도 못한 것이다. 달리 말하면 너무나 실체론적 사고 습성에 젖어 있어서 空과 같은 비실체론적 사유에 익숙하지 못한 것이라고 말할 수 있다. 그것은 세제의 함정이라기보다는 사람의 생각의 집착, 혹은 관성이 그토록 끈질기기 때문일 것이다.

비유적으로 말하면 대명천지에 혼자 눈을 감고 있으면서 어둡다고 한탄하는 것이요, 호주머니 속에 있는 물건을 찾아 밖을 헤매는 것과 같다.

감자를 깎는 데는 천하의 명검보다 이 빠진 과도가 낫다.

나름대로 쓸모가 많은 능력이지만 우리의 이성은 空을 통찰하는 데는 무능할 뿐만 아니라 때로는 방해를 한다. 우리의 인식기능에 대한 지나친 의존이 문제가 되는 것이다.

그렇다면 空의 문을 여는 열쇠가 될 수 없는 '이성의 권능'은 일단 제쳐두고 다른 방편을 찾는 것이 현명할 것이다.

空을 보는 연습

앞에서 살펴보았듯이 불교적 세계관을 드러내는 중심 개념들(空, 연기緣起, 무상無常, 무아無我, 중도中道)은 하나의 진리, 혹은 실상實相에 대한 다른 표현으로 모두 서로 연관되어 있다.

그렇다면 무아를 깨닫는 것과 空을 깨닫는 것이 다르지 않고, 연기와 무상, 열반도 마찬가지다. 진리는 둘이 아니기 때문에 불교의 다양한 수행방법론이 지향하는 목표 또한 다르지 않을 것이다. 따라서 모든 불교 수행(일부 불교 외적인 수행까지)이 궁극적으로는 '空을 보는 수행'이라고 할 수 있다. 여기서는 수행법을 체계적으로 다루기보다는 空에 대한 이해를 돕기 위해 수행의 일반적인 원리를 기술하려고 한다.

〈대념처경〉의 가르침

붓다의 초기 가르침인 〈대념처경大念處經〉의 중대한 의의는 空과 연기를 이론이나 관념으로서가 아니라 직접적으로 대면하게 한다는 데 있다.

명상의 대상에 대한 고요하면서도 (여기서 '고요하다'는 것은 마음이 대상에 이끌리지 않는 상태, 망념이 일어나지 않는 무념, 무심의 상태를 가리킨다) 면밀한 관찰을 통해 마음과 몸의 요소들이 현란하게 명멸明滅하고 있으며, 폭포같이 쏟아지는 흐름일 뿐이라는 것을 '있는 그대로 보는' 것이 이 수행법의 핵심이다.

망념이 일어나지 않는 상태에서 보이는 실상은 더이상 '어떤 무엇'이라고 이름 붙일 수가 없고, 그래서 우리가 평상시에 '생각으로' 알던 그것이 아니다. 즉 '산은 산이 아닌' 것이다.

〈반야심경〉의 내용 중에서 '무無' 자가 들어간 구절들(눈도 없고, 코도 없고…… 마음도 없고, 형상도 없고, 소리도 없고…… 생각도 없고, 의식도 없고…… 지혜도 없고…… 부처님의 진리도 없고……)이 모두 이러한 배경에서 나오는 말들이다.

그런데 우리는 이름과 욕구에 이끌려서 이름에 대응하는 사물이 '실체적으로'(즉 그 자체의 본성과 자기 동일성을 지니고 독립적으로) 존재한다는 미망 속에 산다. 그것은 없는 것을 있다고 여기는 무지와 착각의 삶이다.

앞서 예를 들었듯이 '박연폭포'라는 이름은 부단히 쏟아져내리는 물방울들의 움직임을 나타내기 위해 편의상 붙여놓은 기호에 불과하다. 따라서 그 이름은 아무 내용이 없는 껍데기일 뿐이다. 이름이라는 것이 소통을 위해 불가피한 측면이 있지만 그 이름으로 인해 '실체화의 덫'에 빠질 수 있는 것이다.

예컨대 김춘수의 시 〈꽃〉의 서두는 이렇게 시작된다.

> 내가 그의 이름을 불러 주기 전에는
> 그는 다만 하나의 몸짓에 지나지 않았다.
> 내가 그의 이름을 불러 주었을 때
> 그는 나에게로 와서 꽃이 되었다.

시인과 달리 나는 '꽃'이라는 이름으로 불리기 이전의 신비로운 '하나의 몸짓'을 대면하고 싶다. 물품 상자의 라벨(label)에 불과한 이름과 말에 속지 않고 꽃의 실상, 혹은 물줄기의 실상과 대면할 때 우리는 과연 무엇을 보게 될까? '무엇이 존재한다'는 말조차 개입할 수 없는 '있는 그대로의 흐름' 혹은 흐름이라는 말까지도 진부한 무엇을 보게 될 것이다! 이름을 버리고 생각을 쉬고 '나'를 잊을 때 그것은 이미 '내가 보는' 대상이 아니라 나와 혼연일체가 된다.

이때 내가 관념으로 구성한 대상의 실체성이 와해된다. 그것이 연기를 보는 것이요, 空을 깨닫는 것이다. 이로써 오랜 과거로부터 유전되어 온 미망과 업식으로부터 해방되어 모든 괴로움의 근원을 영구히 떠나게 된다.

이것이 고해苦海의 중생들에게 던진 붓다의 메시지이다.

인간의 자유와 행복을 가로막는 무지와 번뇌는 인간과 세계에 대한 바르지 못한 견해로 인해 생겨나기 때문에 초기 불교의 수행론인 〈대념처경〉의 가르침은 연기, 즉 空의 진실을 바로 보는 데 초점이 맞춰져 있다. 이것이 소위 위빠사나(vipassanā, 觀)로서 "세계의 진실한 모습을 본다", 혹은 "면밀하게(vi) 본다(pas)"는 뜻이다. 위빠사나 수행의 특성은 무엇보다도 현재적 성격에 있다.

예컨대 호흡에 마음을 집중하는 경우 호흡이야말로 현재의 매 순간에 일어나고 있는 가장 현재적 사건이다. 이미 지나간 호흡이나 미래에 하게 될 호흡은 결코 관찰의 대상이 될 수 없기 때문에 호흡에 집중하는 것만으로도 바로 지금 이 자리를 벗어나지 않는 명상이 되는 것이다.

초기 불교에서 현재성을 강조하는 것은 경험적으로 존재하지 않는 대상(예컨대 自我)에 대한 탐구를 거부한다는 의미가 있다. 현존재가 당면하고 있는 괴로움을 벗기 위해 필요한 것은 괴로움이 발생하는 메커니즘을 '보는 것(vipassanā)'이기 때문이다. '바로 본다'는 것은 (연기와 空의) 진실을 있는 그대로 알게 된다는 말이다. 진실 앞에 거짓은 저절로 와해된다.

명상의 대상은 반드시 관찰할 수 있는 구체적 대상이어야 하기 때문에 위빠사나의 대상은 몸, 감각, 마음, 법 등 네 가지이다. 이 네 가지 현상을 분석하지도 말고, 판단하지도 말고, 있는 그대로 관찰하여 일체의 사물이 무상하고 무아라는 것을 직관하는 것인데, 이때 직관을 가능하게 하는 것은 물론 대상의 연기적 실상[즉 空]에 대한 명확한 인지이다.

위빠사나는 생각의 안개에 가려져 있던 있는 그대로의 실상을 보고[觀] 자유로워지는 공부다. 여기서 관觀은 '대상에 휩쓸리지 않고 거리를 두고' 보는 것이며 '나와 대상과의 이원성이 사라진 상태에서' 보는 것이다.

생각을 쉬라

空의 적敵은 생각이다.

앞서 말한 바와 같이 우리의 생각이나 언어 문자로는 최고의 진리[空]에 접근할 수가 없기 때문에 생각을 쉬고 말과 글을 버리라고 하는 것이다.

사물의 변화를 다른 관점에서 표현하면 연기가 되고, 또 空이 된다. 불교는 고정 불변의 실체를 부정하는 비실체론이요, 변화의 사상이다. 아마도 붓다가 세상에 나온 후든 나오기 전이든, 인도 안이든 인도 밖이든 지혜로운 이들은 변화를 변화로 봄으로써 자유를 얻었을 것이다. 붓다 역시 깨달음을 얻은 후 '옛사람들이 걸어간 길을 따라' 진리의 성에 도달했음을 고백한 바 있다. 그런 의미에서는 강물이 계속 흘러가기 때문에 "같은 강에 두 번 목욕할 수 없다"는 헤라클레이토스의 철학과도 유사한 점이 있다.

이 그리스 철학자의 말은 궤변 같지만 그 속내를 알게 되면 상식적으로 수긍이 간다. 空 역시 그렇다. 空이 심오하다고들

하지만 상식을 부정하는 것은 아니다. 空이 낯설다면 자기가 매일 다른 강에 목욕하고 있다는 사실을 깨달을 때의 낯섦과 다르지 않다.

그렇다면 누구나 쉽게 이해하고 또 깨달을 법한데 왜 그렇지 못한가? 우리는 세상의 변화를 관념적으로 이해할 뿐 변화 그 자체를 인식하지는 못하기 때문이다. 그것이 생각[識情]의 한계이다.

중생의 생각은 번뇌[貪瞋痴]의 대행자로 태생적으로 무디고 고착되는 경향이 있다. 따라서 세상의 변화를 따라 유연하게 흐르지 못한다. 즉 생각은 시시각각 무상하게 변해가는 세상을 있는 그대로 파악하지 않고, 대상을 불변의 실체로 고착시키고 집착한다. 생각은 과거의 기억을 박제된 상태로 회상하거나 미래에 투영된 관념을 붙잡고 있을 뿐이다.

그러나 선禪은 언어의 농단에서 벗어나 곧바로 사람의 마음을 가리키는[直指人心] 연습이다. 사람의 마음은 空한 것이고 바로 空 그 자체다. 그러므로 선 역시 空을 보기 위한 공부다. 절집 입구에 '입차문래 막존지해入此門來 莫存知解(이 문에 들어오면 생각을 놓아라)'라는 팻말이 서 있는 것도 도道와 공부를 장애하는 것이 바로 생각이기 때문이다.

어째서 생각이란 것이 그토록 문제가 되는가?

가령 우리가 어떤 사람이나 사물을 본다고 하자. 그 대상은 내가 과거에 그것과 관련을 맺은 정도만큼 나의 기억과 의식 및 잠재의식을 촉발시켜서 내 마음을 흔든다. 이것이 업의 순환적 작동방식인데 이러한 경험을 반복하면서 업력이 증대되고 나의 의식을 지배하게 되는 것이다.

업의 형성 과정은 이러하다. 업의 뿌리인 무명으로부터 주객이 분열되고, 이어서 대상에 대해 좋거나 싫은 마음을 일으키면서 대상을 실체화하기에 이르는데 대상에 이름[언어]을 붙임으로써 실체화가 완성된다. 그 다음 과정은 이름에 집착하여 몸과 입과 마음으로 업을 짓는 것이다. 이것은 〈대승기신론〉의 발생론적 심리학인 '삼세육추三細六麤'를 약술한 것인데, 이름에 의존하는 실체론적 사고 과정이 空에 대한 통찰을 방애妨礙하는 것이다.

생각, 즉 사고작용은 인류 문명을 이만큼이라도 진보시킨 공로가 크다. 즉 속제俗諦로서의 효용이 있다. 그렇기 때문에 "쟤는 아무 생각이 없이 산다"는 것은 도인이라는 소리가 아니라 세상살이에 성의가 부족하다는 뜻이다. 세상을 살아가기 위해서는 생각하는 능력을 발휘해야 한다. 그러나 이렇게 유용한 생각도 空으로 들어가는 수단이 아닐 뿐 아니라 오히려 방해가 된다는 것은 앞에서 말한 바와 같다. 모든 사물과 기능은 적합성이 중요하다. 아무리 좋은 약도 용처가 다르면 독이 될 수 있다.

'空의 적이 생각'이라면 무엇보다도 생각을 쉬고 끊는 것이 우선이다. 그런데 생각으로 사는 게 버릇이 된 인간에게는 생각이 그리 쉽게 쉬어지지 않는다. 아무리 생각을 쉬고 고요하게 머물려고 해도 생각은 자동적으로 꼬리에 꼬리를 물고 일어난다.

그래서 동서양의 모든 선지식들이 마음을 쉬기 위한 방편으로 개발한 것이 바로 '마음의 집중'이다. 집중을 하려면 대상이 여럿이면 안 된다. 그래서 하나의 대상에 집중하고 몰입하는 것이 거의 모든 종교나 신비주의 수행의 근간이 되어온 것이다. 다만 그 대상을 무엇으로 정하느냐, 그리고 궁극적인 목적이 무엇이냐에 따라 수행 전통이 갈린다.

예컨대 기독교는 신을 향해 기도하고, 신선술은 단전, 혹은 호흡을 의수(意守 : 생각으로 지킴)하고, 붓다는 네 가지 대상에 마음을 챙기는[念, sati] 방법론을 제시했다. 삼매(samādhi)나 사마타(samatha)도 역시 마음의 집중을 가리키는 말이다.

마음을 집중하는 방법은 대상에 비분석적으로 주의를 기울이는 것이다. 비분석적으로 주의를 집중한다는 것은 일체의 사고작용을 배제함으로써 대상을 분석하거나 비판하거나 다른 것과 비교하거나 연상하거나 추론하지 않고, 수동적으로 그 대상을 꾸준히 주시注視하는 것이다.

그러나 명상의 수동성으로 인해 출몰하는 망상에 휩쓸려 도거掉擧 상태가 되거나 멍한 혼침昏沈 상태에 빠지거나 잠이 들기 쉽다.

따라서 명상 상태에서는 수동적이면서 동시에 능동적인 주의 집중이 이상적으로 조화되어야 한다. 선수행에서는 이러한 상태를 '고요하면서도 또렷이 깨어 있는' 상태라고 해서 성성적적惺惺寂寂, 혹은 성적등지惺寂等持라고 하는데, 깨어 있음[惺]과 고요함[寂]이 늘 함께 유지되어야 한다는 말이다.

대체로 깨어 있으면 고요하기 어렵고, 고요하면 깨어 있기가 어렵다. 깨어 있으면서 고요하지 못하면 들떠 있는 것[掉擧]이고, 고요하면서 깨어 있지 못하면 멍한[昏沈] 것이다.

성惺과 적寂이 함께 유지되지 않으면 명상이라고 할 수 없다.

현재 공적空寂

정리하면, 空으로 들어가려면 생각을 쉬어야 하고, 생각을 쉬면 단지 마음이 고요하기만 할 뿐만 아니라 맑게 깨어 있게 된다.

그래서 空한 상태를 표현할 때 공적영지空寂靈知라는 말을 쓴다. 공적空寂이 망념에 시달림이 없는 고요한 상태를 말하는 것이라면 영지靈知는 밝게 깨어 있는 상태를 가리킨다.

영지라는 말은 "신비롭게 안다"는 뜻이니 맑고 밝게 깨어 있는 가운데 '아는 작용'이 있다는 것이다. 무엇을 알긴 아는데 이 앎은 대상을 분별해서 아는 작용[分別智]이 아니라 분별 없이 아는 작용[無分別智]이다. 그러니까 생각을 쉬라는 말은 곧 분별하는 마음을 쉬라는 말과 다르지 않다.

"空을 본다"는 것은 우리가 사는 현실과는 다른 신비 현상을 보는 것이 아니다. 空을 인식하는 것이 일상적 차원의 인식과는 다르다는 의미에서 '신비'하다고 말할 수 없는 것은 아니지만 현실을 초월한다거나 현실이 바뀐다는 의미의 신비는 아니다.

진리의 세계는 구름 위에 있는 게 아니라 일상의 눈앞에 펼쳐져 있다. 모든 것을 있는 그대로 두고 인식 자체가 분별지에서 무분별지로, 다른 말로 생각 없이 무심으로 보는 것이다.

시간은 곧 의식의 흐름이다. 따라서 생각이 없다는 것은 시간이 존재하지 않는다, 혹은 시간의 경과를 인지하지 못한다는 말이다. 그래서 입정入定에 들었다가 나오면 삼매 상태가 얼마나

오래 지속되었는지 가늠하지 못한다. 우리는 길든 짧든 다 이런 체험을 한다. 전문 수행인들은 길고, 일반인들은 잠깐씩 삼매에 들었다가 나오곤 하는 것 같다. 독서 삼매라는 말도 나름대로 근거가 있는 말이다.

그런데 이러한 삼매 상태에서 시간의 흐름을 인지하지 못한다면 아예 인식이 없는 '인지적 사망 상태'라는 말인가? 그럴 리 없다.

앞에서 명상의 두 요소가 고요함[寂]과 깨어 있음[惺]이라고 했다. 고요한 가운데 또렷하게 깨어 있는 것이 명상이요, 삼매요, 선정禪定이라고 할 수 있다. 깨어 있다는 것은 비추는 작용(인식)이 있다는 것이고 비추는 대상이 있다는 것이다.

〈대념처경〉에서는 그 대상이 몸의 동작, 느낌, 생각, 법 중의 하나이지만 지는 해, 물소리 등이 모두 대상이 될 수 있고, 간화선看話禪에서는 화두話頭가 된다(화두에 몰입하는 화두 삼매는 생각이 없는 '비춤'이지만 화두에 대한 의심이 몰입을 강화한다. 이때 신심信心과 분심憤心이 조력한다).

그런데 이 삼매 상태 자체는 내적으로는 깨어 있다고는 하나 깊은 정적靜寂에 싸인 상태라고 할 수 있다. 그래서 비유적으로 크게 죽은[大死] 상태라고도 한다. 크게 죽고서야 크게 살 수 있다. 이렇게 크게 죽은 상태(간화선의 경우 화두 삼매)가 며칠 혹은 몇 달 지속된다면 크게 깨달을 날이 멀지 않은 것으로 보아도 좋다.

다시 空으로 돌아가자. 중도가 되어야 온전한 空이라고 했다. 그리고 중도는 비유비무이며, 세제[假有]와 진제[空]의 양극단에 치우치지 않는 것이다. 그러니까 같은 空이라도 중도가 실현된 空이 있고, 그렇지 않은 편공偏空이 있다는 말이 된다. 비춤만이 있는 삼매의 상태는 空에 치우쳐서[偏] 현상계(假名, 有)를 잃었기 때문에 중도가 실현된 것은 아니다.

깨달았다는 것은 중도의 空이 완성되었다는 말이기도 한데, 삼매의 상태에서 어떤 계기를 만나거나 저절로 크게 깨달으면서(살아나면서) 空과 유有가 중도로 통합되는 것이다. '통합'이라는 말을 썼지만 정확하게 말하면 空(출세간적 진리)과 유有(세간적 진리)라는 양극단에 치우치지 않고[雙遮)] 동시에 양극단을 모두 포용하는[雙照] 것이 참된 의미의 중도이다.

시작된 얘기를 중동무이할 수도 없어서 좀 복잡해져버렸는데 전문 수행인이든 일반인이든 수행과 깨달음에 이르는 전체적인 맥락을 이해할 필요가 있다. 특히 일반인이 일상생활 중에서 空을 '보는' 공부를 할 때 참고가 될 것이다.

〈금강경〉에는 사람들 입에 자주 오르내리는 유명한 구절이 있다.

과거의 마음도
현재의 마음도
미래의 마음도 붙잡을 수 없다.
過去之心不可得(과거지심불가득)
現在之心不可得(현재지심불가득)
未來之心不可得(미래지심불가득)

우리는 흔히 "지금 여기(here and now) 존재하라"는 말을 하고, 임제臨濟는 "바로 지금뿐, 다른 시점은 존재하지 않는다[卽是現今更無時節]"고도 했다.

그런데 〈금강경〉에서는 "현재의 마음(즉 현재 순간)조차도 붙잡을 수 없다[不可得]"고 말한다. 불가득不可得이 정확하게 무슨 뜻인지 구구한 해석(얻을 수 없다…… 붙잡을 수 없다…… 알 수 없다……)이 있는데, 나로서는 "실체적으로 존재하지 않는다. 즉 空하다"고 해석한다. 그것은 〈화엄경〉의 다음 구절을 보면 자명하다.

과거는 이미 사라졌고, 미래는 아직 이르지 않았으며, 현재 또한 공적空寂하다

過去已滅, 未來未至, 現在空寂(과거이멸, 미래미지, 현재공적)

'공적하다'는 말 역시 텅 비어 있고, 고요하다는 말이다. 과거가 사라졌고, 미래가 아직 오지 않았다는 것은 다 아는 이야기인데, 요동치면서 흘러가는 현재가 어째서 공적하다고 하는가?

현재 순간이라고 우리가 '생각하지만' 그 순간은 생각의 대상이 될 수 없다. 양자역학에 의하면 미시세계에서는 관측행위 자체가 대상에게 영향을 미친다고 한다.

어떤 사람이 찰나가 1/75초라고 계산해낸 것을 본 기억이 있는데, 아무튼 '현재……'라고 생각하는 지극히 짧은 순간에, 생각이 현재라는 시점에 닿기도 전에, 미지의 현재는 지나가 버린다. 사람의 생각이 빠르다지만 물리화학적 회로를 거치는 만큼 시간이 걸리는데 현재라는 순간은 선이 아니고 점이다. 그리고 점은 정의상 면적이 없는데 존재하지 않는 현재에 생각이 닿을 수 있겠는가? 현재는 특정할 수 없고 사유의 대상이 될 수도 없기 때문에 비어 있고 고요한 것이다.

현재는 '알 수 없는 것'이다. 그러므로 임제의 말이나 경전의 구절은 생각을 일으키지 말고 주시하라는 말이다. 생각이란 저절로 일어나서 저절로 발전하기 때문에 "자기 생각을 자기 마음대로" 쓰는 연습은 필요하다. (마음은 허공처럼 본래 空하기 때문에 순간순간 일어나는 空한 생각이 곧 마음이다.) 마음이 空하고 마음의 그림자인 대상도 空하다. 그것이 진실이고 실상(實相, reality)이며, '절대 현재'라고 명명할 수 있다. 절대 현재는 시간적으로 정지된 좌표가 아니므로 통념상으로 볼 때는 부단히 흘러갈 것인데[世諦], 진실한 의미[眞諦]에서는 흐르는 것도 아니다.[〈物不遷論〉 참조] 바로 여기에 절대 현재와 무시간성無時間性으로서의 영원의 접점이 있을 것이다.

우리는 현재 순간 외에는 다른 시점을 살래야 살 수가 없다. '영원'은 우리가 생각하는 것보다는 훨씬 더 가까이 있다. 아무리 긴 시간이라 해도 우리가 경험하는 것은 현재 순간뿐이고, 앞서 말한 대로 그나마 의식으로 파악되지도 않는다. 절대 현재는 영원의 다른 이름일지도 모른다.

현재는 공적空寂하다. 나도 空하고, 내가 보는 대상도 空하다. 절대 현재에 사는 것은 곧 空을 사는 것이다. 그러나 空은 언제나 중도의 진공眞空이다. 치우치고 닫혀 있는 空[偏空, 頑空]이 아니라 현상의 변화[妙有]를 포용하는 열린 空이다.

절대 현재에 산다는 것은 백 퍼센트의 삶을 사는 것이다. 밥을 먹을 때 백 퍼센트 밥을 먹고, 배설을 할 때 백 퍼센트 배설하고, 백 퍼센트 일하고, 백 퍼센트 쉬면서 삶 속에 온전히 존재하는 것이다. 고속열차 속에서도 승객은 편안한 마음으로 차를 마실 수 있듯이 삶이 아무리 숨가쁘게 흘러가더라도 움직임 속에서 고요한 것[動中靜]이 절대 현재의 삶이다.

그런데 사람은 과거의 일을 기억해야 할 때도 있고, 미래에 일어날 일에 대비할 필요도 있다. 우리는 과거나 미래를 살 수 없지만 생각도 할 수 없는 것은 아니다. 다만 일상생활에서 과거나 미래에 대한 생각을 하되 필요 이상으로 가지고 놀지 않으면 된다.

예컨대 산책하기 위해 공원에 갈 때 목적지[공원이라든지]에 대해 계속 생각하지도 않고, 또 그럴 필요도 없다. 방향을 정했으면 발걸음 하나하나를 알아차리며(sati, awareness) 걷는다. 노면 상태가 불량하면 돌부리에 걸려 넘어지지 않게 조심한다. 그렇다고 '넘어지지 않게 조심해야지'라고 의식적으로 '무겁게' 생각할 필요는 없다. 그런 생각이 나면 좀더 조심하면 그만이다.

무슨 생각이든 애써 붙잡고 있지 않으면 흔적을 남기지 않고 사라진다. 〈금강경〉에 "일어나는 생각에 머물지 말라[應無所住而生其心]"는 것도 같은 말이다. 생각을 하지 않고 어떻게 살겠는가! 다만 흘러가는 생각에 머물지 말고, 붙잡지 말라는 것이다. 컨베이어 벨트 앞에서 일하는 사람이 다가오는 물품을 제때 처리하지 않고 뭉기적거리고 있으면 라인은 금세 엉망이 되어버린다.

문제는 애인 생각이든, 술 생각이든 사람들은 자기에게 만족감을 주는 생각을 가지고 놀기를 좋아한다는 것이다. 오래 묵은 습관이라서 쉽지는 않겠지만 조금씩 고쳐나가는 게 좋다. 아무리 좋은 거리도 현실이 아닌 생각에 불과한 것인데 손때가 묻도록 만지작거리다 보면 순간순간 지나가는 '황홀한' 현재를 놓치게 된다.

늘 할 일이 있고 직장이 있는 생활인도 이런 식으로 순간순간 다가오는 현재를 맞이하는 연습을 한다면 세간의 일과 출세간의 공부가 양립할 수 있을 것이다.

2부

반야심경 해설

경전의 이름 : 마하반야바라밀다심경

〈마하반야바라밀다심경(摩訶般若波羅蜜多心經, San. mahā prajñā-pāramitā hṛdaya sūtra)〉 줄여서 〈반야심경般若心經〉, 더 줄여서 〈심경心經〉이라고 부른다.

마하(mahā)란 '크다'는 뜻이다.

반야(prajñā)는 지혜, 바라밀다(pāramitā)는 '저 언덕으로 건너간', '완성된'이라는 의미요, 심(hṛdaya)은 심장(heart)을 가리킨다. 마음(mind)이 아니다.

경(sūtra)은 경전을 가리킨다.

다섯 조각을 붙여보면, "저 (대자유의) 언덕으로 건너간(혹은 건너가는) 크나큰 지혜의 골수를 말씀하신 경전"쯤 되겠다. 형용사 mahā가 경(sūtra)을 수식하는 것으로 보아 '위대한 경전'으로 풀어도 된다. 수사가 중요한 것은 아니다.

다시 분해해서 보자.

mahā

여기서 '크다'는 것은 "고래가 새우보다 크다"고 할 때의 비교우위를 말하는 것이 아니다. 상대적인 큼이 아니라 절대적 큼이라는 말이다. 세상에 '절대'가 어디 있는가? 공간적으로 아무리 큰 것도 그보다 '상대적으로' 더 큰 것을 생각할 수 있고, 시간적으로 아무리 오래된 것도 그보다 '상대적으로' 더 오래된 것을 상상할 수 있다. 그러나 절대적 큼이라는 것은 '생각으로 측량할 수 없는' 큼이다.

우물 속에 살던 개구리가 태평양을 보게 되면 절로 입이 딱 벌어지면서 할 말을 잃는다. 그래도 속으로는 "엄청나게 넓구나!"라고 생각할 수는 있다. 이것은 바다가 우물'보다' 크다는 뜻이다. 그런데 이 개구리가 해변에 누워서 하늘을 바라보며 무한한 우주의 크기, 그 끝을 사유하게 되면 '크다'는 말도 부족하다는 것을 느낀다.

무한(無限, the infinite)은 사유의 대상이 아니다. 그것을 불교에서는 불가사의不可思議라는 말로 표현한다. 불가사의는 글자 그대로 "생각할[思議] 수 없다[不可]"는 뜻이고, 논리나 지식으로 담을 수 없다는 뜻이다. 크다는 말조차 붙일 수 없지만 짐짓 '크다'고 한 것이다.

prajñā

'프라즈냐'를 음역한 것이 반야般若다. 산스크리트어를 한문으로 번역할 때 뜻으로 번역[意譯]하기도 하고 소리로 번역[音譯]을 하기도 하는데, '프라즈냐'를 '반야'로 음역한 것은 의역으로는 그 깊은 뜻을 다 드러낼 수 없다는 고심의 흔적이다. 의역하면 지혜智慧다.

붓다의 명칭 중에는 세간해世間解라는 것이 있다. '세상일도 잘 아는 분'이라는 뜻이다. 카필라 성의 왕자로 살면서 수사학, 수학, 철학, 음악, 군사학, 무예 등 다방면의 교육을 받았고, 또 깨달은 후의 말과 행적을 보면 세상일에 대한 지혜도 밝았다는 것을 알 수 있다.

그러나 여기서 말하는 지혜는 출세간의 일, 궁극적 진리를 꿰뚫어 아는 지혜를 가리킨다. 궁극적 진리는 空이요, 연기요, 무아다. 그것을 '꿰뚫어 안다', 혹은 '깨닫는다'는 것은 단순히 지식의 차원에서 그것을 해석하고 이해하는 것이 아니라 그 실상을 체험적 차원에서 안다는 뜻이다.

이 문제는 아주 중요하므로 1부에서 '진리의 두 가지 차원'이라는 주제로 다루었다.

pāramitā

바라밀다波羅蜜多, 혹은 바라밀波羅蜜로 음역된다. pāra는 '저 건너편, 궁극, 완성'이라는 뜻이고, itā는 '간다(to go)'는 뜻의 어근 'i'의 과거분사로서 영어로 gone과 같다. 합치면 '저 언덕으로 간'이란 의미이다.

pāra와 itā의 중간에 삽입된 m은 활음조로 쓰인 매개자음이다. pāramitā를 완성完成, 혹은 도피안渡彼岸으로 번역하는데 '저 언덕[彼岸]'으로 '건너[渡]' 간다는 의미이다. 따라서 prajñā와 pāramitā를 합치면, '지혜의 완성', 혹은 '저 언덕으로 건너간 지혜'라는 뜻이 된다. 나는 후자가 뜻을 잘 살린 번역이라고 생각한다.

여기서 '저 언덕'이란 '이 언덕'에 대비되는 말이다. 이 언덕은 무지와 고통의 사바세계요, 저 언덕은 지혜와 안락이 있는 대자유의 세계이다. 저 언덕으로 건너갔다는 것은 궁극적 진리를 얻었다는 비유이다. 그러므로 이 언덕과 저 언덕은 공간상의 분할이 아니다. (空의) 진리를 깨치게 되면 서 있는 자리가 바로 '저 언덕'이 되는 것이다.

알면 지척이요, 모르면 천리다. 깊이 통찰한다는 의미에서 '깨친다'고 표현했지만 결국 '아는' 것이고 '이해하는' 것이다.

hṛdaya

자세히 보면 'r' 밑에 점이 있다. 발음은 '흐리다야'와 비슷하다. 장기臟器인 염통 혹은 심장을 가리킨다. 비유적으로 핵심核心, 골수骨髓라는 의미로 쓴 것이다.

원래 반야경 계열의 경전 중에는 십만 송頌에 이르는 긴 것도 있다. 그만큼 경전의 종류와 수도 많다. 아무리 많아도 空사상에 뿌리를 두고 있고 넓게 보면 대승불교 자체가 空사상의 토대 위에 세워져 있다. 그렇기 때문에 〈반야심경〉은 반야경전들의 골수일 뿐만 아니라 불교철학 자체의 골수이기도 한 것이다.

〈반야심경〉의 한역본이 여럿 있는데 글자수로는 모두 300자를 넘지 않는다. 문자로는 짧지만 뜻으로는 결코 짧지 않은 경전이다. 〈반야심경〉에 담긴 空사상을 제대로 이해하게 되면 경전의 바다를 자유로이 유영할 수 있다.

sūtra

보통 '경經'으로 번역된다.

불교는 세 개의 바구니(藏, Pitaka)에 담겨 있다. 부처님의 말씀인 경장(經藏, Sūtra Pitaka), 경에 대한 주석서인 논장(論藏, Śāstra

Pitaka), 계율을 기록한 율장(律藏, Vinaya Pitaka)이다. 합해서 삼장(三藏, Tripiṭaka)이라고 한다. 〈서유기〉에서 손오공을 데리고 다닌 삼장법사三藏法師는 삼장에 두루 통달한 선생님이란 뜻이다.

관자재보살에 대하여

〈반야심경〉은 관자재보살이 사리불(Śariputra)에게 설법하는 형식을 취하고 있다. 관자재보살은 역사적 인물이 아니라 종교적 상상력이 투사된 존재이다. 그러나 불교인들의 신행信行 생활에 매우 중요한 존재이므로 다소 길게 언급하려고 한다.

산스크리트어로는 Āvalokiteśvara(아발로키테슈바라)다. 현장법사 이전의 한역은 '관세음보살'인데, 현장은 '관자재보살'로 번역했다. 후자가 본뜻에 가깝기는 하지만 동아시아의 신행 생활에서는 관세음보살, 혹은 관음보살이 더 친근하므로 이하에서는 관음보살로 통일한다.

원 이름을 풀면 āva(멀리서, 아래로) + lokita(보신) + iśvara(자재하신 분)이다. lokita 역시 '본다'는 의미의 어근 lok의 과거분사이다. 산스크리트어에서 a + i → e라서 te가 된다. '관觀하는(혹은 관觀하신) 것이 자유로운 분'이라는 뜻이다. 여기서 자유롭다는 것은 시간과 공간의 제약 없이 모든 것을 볼 수 있다는 뜻으로 읽을 수도 있고, 사물의 본성[空性]을 보는 데 장애가 없는 것으로 이해할 수도 있다.

관음보살도 불교의 역사와 함께 진화해왔고, 또한 다양한 이름과 권능이 부여되었다. 예컨대 천수천안千手千眼 관음보살은 중생의 고통을 살피는 천 개의 눈[千眼]과 중생의 아픔을 어루만지는 천 개의 손[千手]을 지닌다. 손에 든 연꽃은 깨달음의 지혜를 상징하고 정병淨甁에는 중생의 타는 목마름과 고통을 덜어주는 감로수가 들어 있다.

중생들이 마음속으로 관음보살을 간절하게 부르면 불구덩이가 연못으로 변하고, 성난 파도가 가라앉고, 높은 곳에서 떨어져도 공중에서 멈춘다고 한다. 심지어 참수형을 받더라도 목을 치는 칼날이 부러진다고도 한다.

그런 얘기를 들으면 대다수 사람들은 허황된 이야기라고 일축

한다. 자유낙하하는 물체가 공중에서 멈추는 것은 중력의 법칙에 어긋난다. 몇 해 전에 어떤 스님으로부터 직접 들은 이야기다. 이 분이 해인사 선방에서 참선할 때의 일이라고 한다.

어느 날 좌선하다가 일어나서 전각의 기단 위를 도는데[布行] 앞에 걷던 스님이 기단 아래로 떨어지더라고 한다. 그런데 몸의 무게 중심이 기단 밖으로 기울었는데도 밑으로 떨어지지 않고 매우 기이한 모습으로(마치 누가 밑에서 떠받치고 있는 듯이) 정지되어 있었다. 뒤따르던 스님들이 황급히 그 스님을 붙잡아서 끌어들인 후에 물었더니, 졸다가 밑으로 떨어지는 찰나에 관음보살이 자신을 떠받쳐주더라는 것이다!

사실 절집 주변에서 이와 비슷한 이야기는 숱하게 많다.

금오(金烏, 1896~1968) 스님이 일제시대 북만주에서 억울하게 옥에 갇혀서 풀려날 가망이 없을 때 관음보살에 '호소'하여 탈출한 이야기가 전한다. 비슷한 시기에 만해(卍海, 1879~1944) 스님도 만주에서 피격되어 목숨이 경각에 달했을 때 관음보살의 도움으로 살아난 적이 있다고 한다.

사실 여부를 확인할 길은 없지만 방편으로라도 거짓말을 할 필요가 없는 분들의 증언이니 섣부른 판단을 유보하고 두 가지 측면에서 생각해보자.

첫째, 관음보살(과 아미타불, 지장보살, 문수보살 등)은 실재하는가?

둘째, 존재 여부는 차치하고 이들에게 복을 구하는 행위를 어떻게 보아야 하는가?

관음보살은 존재하는가?

'존재한다'는 것은 어떤 의미인가?

존재하는 것들은 제각기 존재론적 위상이 다르다. 좀더 확실하게 존재하는 것과 존재한다고 말하기가 애매한 것, 그리고 아예 존재하지 않는 것이 있다.

존재하는 것들의 순위를 매기면 대략 다음과 같다.

0) 空은 최고의 실재다. 그래서 0순위다.

1) 현실세계에서 이 글을 쓰고 있는 '나'는 존재한다. 내가 앞에 놓인 사과를 보면서 "저것이 내가 보는 것과 같이 존재할까?"라고 생각한다. 이토록 명명백백한 현실조차 최고의 실재[空]에 비하면 꿈과 같지만 그렇다고 해서 이 세계가 존재하지 않는 것[無]은 아니다.

2) 내 앞의 사과는 존재한다. 나의 감각에 의존하기 때문에 적어

도 '나'보다는 2차적이다.

3) 어제밤 꿈에서 낯선 사람을 만났는데 꿈속의 그 사람은 존재한다고 말할 수 있을까?

4) 포켓몬스터는 '나타난다고 하는 위치에' 존재하는가?

5) 마약을 한 사람의 눈에 보이는 괴물은 존재하는가?

6) 상상의 산물이라고 말하는 용과 유니콘은 존재하는가?

7) 뿔 난 토끼, 털이 난 거북은 존재하는가?

8) 네모 난 원이나 둥근 사각형은 존재하는가?

대강 나열해도 '실재하는가' 혹은 '존재하는가'라는 물음에 대한 답이 그리 간단하지 않다는 것을 알 수 있다. 죽은 자에게 들려주는 경전인 《티베트 사자死者의 서書》에는 다음과 같은 내용이 있다. 경서원에서 출판한 판본인데 용어 사용이 흡족하지는 않지만 그대로 옮기겠다. 대괄호 [ ] 속의 한자와 설명은 나의 말이고 중요한 대목에 밑줄을 그었다.

오! 기품있게 태어난 이여.

만약 죽는 순간에 그 자신의 사고思考의 형상[즉 죽은 후에 경험하는 모든 현상이 의식의 투영이라는 것]을 인식하지 못할 경우, 법왕의 모습을 한 죽음의 신[염라대왕]이 중간 중음中陰 기간에 그의 앞쪽을 비춰주러 다가올 것이오…… 고함치면서 인간의 뇌를 핥고 피를 들이키고 시체의 머리를 찢어발기고 심장을 뽑아내면서 다가올 것이오……

오, 이 같은 사고의 형상이 나타나서 다가올 때 겁먹어 주눅들거나 공포 받지 마오.

지금 그대의 몸은 카르마의 성벽性癖의 심령心靈만으로 이룩된 몸이오. 그렇기 때문에 그대는 참살을 당하거나 다시 난도질을 당할지라도 죽는 일은 없소. 왜냐하면 그대의 몸은 진정 공空의 상태인 몸이오. 그러므로 그대는 두려워할 필요가 없다는 것이오.

죽음의 신 또한 그대 자신의 지성知性의 발광으로부터 방사된 것에 지나지 않으오. 이들은 물질로 구성되어 있지 못하오. 空은 空을 다치게 할 수 없는 것이오……

이들 공포를 주는 여러 가지 모습들은 모두 그대 자신의 지성구조知性構造에서 방사된 것들인 이상으로는 존재하지 아니하오……

이 현상들을 이처럼 인식해버리면, 모든 두려움이나 겁스러운 생각은 스스로 소멸되어질 것이오. 그리고 합일의 상태로 녹아들어가서 제도 받게 될 것이오……

관음보살은 없다

인용이 좀 길었는데, 사람이 죽어서 의식이 육체를 떠난 후 중음계(중생이 죽은 후 환생하기 전에 머무는 세계)에서 중음신中陰身을 갖게 된다. 《티베트 사자의 서》는 중음 기간에 나타나는 모든 현상들(악마나 천신 등)은 그 중생의 마음[業識]이 투영된 것이라고 잘라말한다. 염라대왕이나 관음보살도 마찬가지이다. 어떤 형상이든 그 중생의 외계에 실재하는 것이 아니라 심상心相이라는 것이다.

그렇다면 중음계에서만 그럴까?

현재 내가 보는 세상도 내 마음의 투영이다. 내가 사람으로 보는 세상과 다른 동식물이 보는 세상은 분명히 다를 것이다. 사람 중에서도 서로 다르게 축적해온 업식에 따라 또 달리 보일 것이 틀림없다. 그래서 일체유심조一切唯心造라고 하는 것이다.

유식무경(唯識無境 : 오직 의식이 있을 뿐 바깥세상은 존재하지 않는다는 유식철학의 명제)의 관점에서 볼 때도 관음보살은 우리의 의식 바깥에 존재하지 않는다. 실제로 우리의 모든 경험이 의식으로 환원될 수 있다는 것은 누구도 부인하지 못한다.

그렇다면 밖에 '존재하는 듯이' 보이는 산과 강은 다 무엇인가? 유식철학의 관점에서는 착각이다. 밖에 존재하는 듯하지만 실제로는 의식 내적인 사태라는 것이다. 즉 의식 내에 보는 놈[見分]과 보이는 대상[相分]이 분리되어 있다고 본다.

이 주장은 입증하기도 어렵고 반론하기도 어렵지만, 이러한 철저한 관념론의 입장에서는 바깥세계에 존재하는 관음보살은 없다. 세상에 '참으로', '그 자체의 고유한 본성을 가지고' 존재하는 것은 아무것도 없다는 최고의 진리, 空의 입장에서 보더라도 그렇다.

〈반야심경〉은 空의 노래다.

관음보살은 있는 것도 아니고[非有], 없는 것도 아니다[非無]

현재 내가 앉아 있는 방은 조용하다. 그런데 라디오를 틀면 최백호가 부르는 노래를 들을 수 있다. 방송국에서 최백호가 노래를 부르면 그 소리는 음성신호로 바뀌고 전파에 실려서 허공에 퍼지는데, 수신기(라디오)의 다이얼을 맞춰서 잡아낸 전파로부터 음성신호를 분리하고 다시 그것을 소리로 재생하는 과정을 거친다.

그러나 내 방에 '존재하는' 최백호의 노래도 수신기(라디오)가 없으면 재현되지 않는다. 라디오라고 불리는 기계장치와 일정한 조건들(공기라는 매질, 정상적인 나의 귀 등)이 충족되어야 노래 소리가 '나타난다.'

라디오가 없으면 노래는 없는 것이나 마찬가지다. 노래가 전파를 타고 내 방까지 와 있지만[有] 조건이 갖춰지지 않아서 내 귀에 도달하지 않으면 없다[無]. 그러므로 저 있음[有]도 온전한 있음이라고 할 수 없고[非有], 저 없음[無] 또한 완전한 없음이라고 할 수 없다[非無]. 최백호의 노래는 존재하는 것도 아니고 존재하지 않는 것도 아니다.

관음보살도 그렇다.

내가 감응感應하면 존재하고, 감응하지 않으면 존재하지 않는다.

누구에게 비는가?

중생의 마음은 "안이 없을 만큼 좁은데 들어가기도 모자랄 만큼 작고, 밖이 없을 만큼 큰 것을 채우고 남을 만큼 크다"는 말이 있다. 형상도 없고 표현할 수도 없을 만큼 불가사의한 이 마음속에 부처의 마음과 악마의 마음이 공존하고, 한 순간이 무한한 과거와 미래를 포섭한다.

중음 상태에서 지극하게 관음보살을 염송하면 평소에 마음속에 그리던 관음보살의 모습이 나타나기도 하는데 이것을 '감응感應'이라고 한다. 살아서 불교를 믿었던 사람에게는 불보살이 보이고, 다른 종교를 믿었던 사람에게는 그 종교의 상징이 보인다. 즉 마음속에 잠재되어 있던 관음보살 급級 마음이 그러한 존재를 만들어내는 것이다.

사람의 심신이 극한에 이르거나 극한의 염원을 발할 때도 그러한 감응이 일어난다. 이때 나타나는 관음보살은 내 마음이요, 내 마음이 투영한 것이다. 이것이 자기 마음의 부처로서 '자성불自性佛'이라고도 한다. 그러므로 밖에 있는 관음보살에 비는 것이 아니라 자기 자신의 본성에 내재한 관음보살과 같은 위대한 능력과 지혜와 자비심에 비는 것이다.

사람의 생각이 우주에 '명령해서' 자신이 바라는 것을 얻을 수 있다는 《시크릿》이라는 책의 주장이나 자신의 무의식을 움직여서 원하는 결과를 얻는다는 티베트의 《아주 오래된 선물》의 가르침이나, 관음보살을 불러서 도움을 얻는다는 것이나 표현만 다를 뿐 결국 같은 이치라는 것을 알 수 있다.

보이는 것이 전부는 아니다. 우리는 보이지 않는 전파로 온갖 것을 다 하는 세상에 살고 있다.

총론

觀自在菩薩 行深般若波羅蜜多時 照見五蘊皆空 度一切苦厄

관자재보살 행심반야바라밀다시 조견오온개공 도일체고액

[직역] 관자재보살이 깊은[深] 반야바라밀다를 수행[行]할 때[時] 오온五蘊이 모두 공하다는 것[皆空]을 비추어 보고[照見] 모든[一切] 고통[苦厄]을 벗어났다[度].

서두의 이 한 문장이 〈반야심경〉에서 말하고자 하는 空사상의 총론에 해당한다.

관자재보살에 대해서는 앞에서 설명했다.

깊은[深] 반야바라밀다般若波羅蜜多를 수행할[行] 때[時]

반야바라밀다는 '경전의 이름'에서 설명했듯이 '궁극적 진실, 최고의 진실[眞諦]인 空을 통찰한 지혜'이다.

동사[行]와 형용사[深]와 부사[時]를 붙여서 풀면 '空을 통찰하는 깊은[深] 지혜를 닦을[行] 때[時]'가 된다. 뒤의 문장과 연결을 생각해서 의역하게 되면, '空의 깊은 지혜를 닦는 중에' 혹은 '空이라는 깊은 지혜를 닦아서'라고 해석한다.

오온五蘊이 모두[皆] 공하다는 것[空]을 비추어 보고[照見]

이 구절은 〈반야심경〉의 핵심인 동시에 2,500년 전 붓다의 시대로부터 오늘에 이르기까지 불교라는 이름 아래 전승된 가르침의 정수精髓요, 불교의 정체성이라고 할 수 있다. 시대와 지역을 넘어 이어져온 불교 전통이 연속인가, 불연속인가 판단하는 시금석이 바로 이 한 마디이다. 그러므로 이 말을 제대로 이해하면 불교사상을 '안다'고 말할 수 있고, 그렇지 않으면 팔만대장경을 다 외운다 해도 안다고 할 수 없다.

고등학교 때 수학 선생님이 '수학이야말로 암기과목'이라고 하셨는데 처음에는 좀 어리둥절했지만 머지않아 그 말씀이 옳다는 것을 알았다. 불교 공부도 암기와는 거리가 먼 것 같지만 기본 개념은 이해해야 하고, 또 잘 기억해야 한다.

붓다도 제자들이 자신의 가르침을 정확하게 이해하고 기억할 수 있도록 여러 가지 개념의 카테고리를 숫자(法數라고도 한다)로 구분했는데, 3법인三法印, 4무량심四無量心, 5온五蘊, 7각지七覺支, 8정도八正道, 12처十二處, 37도품三十七道品 등이 그런 예다. 물론 다 알 필요는 없지만 몇 가지 기본 개념은 정확하게 이해할 필요가 있다. 오온도 그 중 하나이다.

오온五蘊 : 色－受－想－行－識

오온五蘊은 색色－수受－상想－행行－식識으로 사람을 구성하는 다섯 가지 요소, 혹은 기능들이다.

사람이 정신(名, nāma)과 육체(色, rūpa)로 구성되어 있다고 설명할 수도 있고, 장자莊子처럼 백 개의 뼈[百骸]와 아홉 개의 구멍[九竅]으로 표현할 수도 있다. 그런데 인도 전통에서는 설명 편의상 이 다섯 가지 분류 방식이 주로 사용되어 왔을 뿐이다.

오온은 개체의 경험계를 가리킨다. 사람은 몸과 마음으로 세상을 경험하는데 몸[色]의 경험은 지수화풍地水火風에 반영되고, 마음의 경험은 수, 상, 행, 식으로 나타난다.

오온에 대해서는 한번쯤은 명확하게 정리해둘 필요가 있다.

색(色, rūpa) : 물질적 요소

몸의 조직과 구성은 복잡하지만 대체로 지수화풍으로 구분된다. 지地는 흙과 같이 저항성이 있는 물질적 요소, 수水는 물과 같이 유동적인 요소, 화火는 불과 같은 열기, 풍風은 바람과 같이 움직이는 요소를 가리킨다.

신체적으로 구별되는 경험적 요소를 임의로 분류한 것이다. 마음의 요소인 수상행식도 마찬가지이다.

수(受, vedanā) : 느낌

눈, 코, 귀 등 신체의 감각기관이 색깔, 냄새, 소리 등 대상과 만날 때 우리는 좋다[樂], 싫다[苦], 혹은 이도 저도 아닌[不苦不樂] 느낌이 일어난다. 쾌감이 일어나면 그것을 반기는 마음이 일어나고, 그것을 향유하려는 집착이 따라 생긴다.

이런 마음은 탐욕으로 발전하게 된다. 불쾌감이 생길 때는 반대로 싫고 피하려는 마음이 일어나게 된다. 이 마음은 짜증으로 발전하고, 성내고 미워하는 마음으로 성장하게 된다.

사람은 쾌감과 불쾌감에 큰 영향을 받는다. 실제로 느낌은 중생을 움직이는 중요한 동기다. 그러나 느낌에 대한 개체의 반응 방식의 문제일 뿐 느낌 자체가 특정한 반응으로 강제하는 것은 아니다.

예컨대 보통 사람은 몸(눈, 귀, 코, 혀, 안팎의 피부 등)에서 괴로움을 느끼면 그것이 부지불식간에 마음의 괴로움으로 발전한다. 이 때 몸의 괴로움은 과보(果報=인과율)에 의한 것이지만 뒤이어 일어나는 마음의 괴로움은 삼독三毒의 하나인 '혐오(dasa, 瞋恚)'에 의존해서 일어난다.

다시 말해서 아라한과 같이 마음에 혐오가 없다면 몸의 괴로움을 느끼더라도 마음은 괴로움을 느끼지 않는다. 아라한도 몸이 있는 한 과보로서 육체적 고통은 겪지만 혐오(혹은 분노)가 일어나지 않고 마음의 평온을 유지한다.

상(想, sanjna) : 지각과 표상, 개념화 작용

무엇을 '아는' 작용이라고 이해하면 편하다. 어떤 대상을 안다는 것은 그것이 내가 가지고 있는 사물의 목록과 일치한다는 얘기다.

우리는 무엇을 보거나 들을 때 이전의 목록(기억)과 대조해서 그것이 무엇인지 알아낸다. 예컨대 어떤 그릇을 보고 그것이 도자기이거나 요강이라는 것을 아는 것이다. 또 눈이 내리는 것을 보고는 "아, 저것은 어릴 때 찼던 기저귀의 그 흰색이고, '하얗다'는 소리로 표현하지"라고 아는 것이다. 어쩌다 기억에 없는 사태를 만나더라도 기존의 기억을 토대로 분류 카드에 기록해서 마음의 서랍에 저장하고(즉 기억하고), 필요할 때 꺼내서 대조용으로 사용한다.

그러면 마음의 서랍은 어디에 있는가? 다시 말해서 사람의 연속성을 담지하는 기억은 어디에 저장되어 있다가 튀어나오는가?

사실 시간과 공간 속에서는 기억의 창고를 찾을 수 없다. 기억은 두뇌의 창고에 곡식자루처럼 쌓여 있는 게 아니다. 텔레비전 속에 형상과 소리가 있는 것이 아니듯이 두뇌는 기억을 회상하는 채널에 불과하다. 그러면 내가 어릴 적 즐겁게 놀던 기억은 어디에 있다가 내가 찾을 때마다 튀어나오는가?

쌀자루는 곡식창고에 있다가 나오지만 기억은 어디에 있다가 나오는 것이 아니다. 라디오 채널을 맞추면 허공에 퍼져 있던 전파가 소리로 재생되어 귀에 들리듯이 기억 역시 특정 시간과 특정 장소가 없이 존재(?)하다가 마음의 채널을 맞추면 재현되는 것이다. 기억상실증은 그 채널이 고장난 것이지 기억 자체가 소멸된 것이 아니다.

기억이 회상되는 원리는 세상 어느 곳에든 적절한 조건만 갖춰지면 불이 일어나는 것과 같다. 이때 불은 어디에도 없고, 동시에 어디에도 있다고 말해야 한다. 인연이 되면 생겨나고 인연이 와해되면 사라지는 것이다. 이것이 연기다. 라디오의 소리든 우리의 기억 혹은 생각이든 불[火]이든 모두 연기적 현상이다(그래서 그 자체는 空하다).

행(行, saṁskāra)

이것도 생각인데 '의도를 가진 생각'이라고 할 수 있다. 그렇다면 상想과는 어떤 차이가 있는가? 사람의 마음작용 중에는 기억에 의존하는 단순한 생각과 달리 어떤 것을 의욕하는 심리작용이 있어서 그것을 구분해놓은 것이다.

'5온(蘊은 '쌓임' 혹은 '무더기'라는 뜻이다)' 가운데 정신작용인 '4온'은 심리적 특성에 따라 임의로 구분한 것이므로 특정한 경우[남방불교의 아비담마 수행에서는 법(法, dharma)에 대한 명확한 이해와 구별이 중요하다] 외에는 그 차이를 깊이 고민할 필요는 없다. 4온을 세분하지 않고 뭉뚱그려서 정신작용, 혹은 심리현상으로 이해해도 된다.

식(識, vijñāna) : 식별, 분별

식識이 오온 중의 하나일 때는 의식 또는 식별이라고 번역하지만 맥락과 용도에 따라 생각(意, mano), 마음(心, citta)이라고도 한다.

우리의 감각기능인 육근(六根 : 眼耳鼻舌身意)이 대상인 육경(六境 : 色聲香味觸法)을 만날 때 각각의 식(眼識, 耳識……)이 일어나서 대상을 분별한다. 즉 눈[眼]과 대상[色]에 의존[緣]하여 눈의 의식[眼識]이 일어난다. 여기서 식은 각각의 감각기능과 결부된 6가지 인식기능을 가리킨다.

그러면 이러한 식은 평소에는 없다가 감각기능이 대상을 만날 때 즉 대상이 있을 때만 '손뼉소리와 같이' 문득 나타나는가?

남방불교에서는 그렇지 않다고 말한다. 이 식은 바왕가(bhavanga), '존재(bhava) 요소(anga)'로 흔히 번역되는데, 개체의 연속성을 유지하는 의식이라서 재생연결식再生連結識이라고도 한다. 전생과 후생을 연결하는 의식이라고도 하는데 전생-현생-미래의 삶을 이어주면서 지속하는 의식이다.

여기서 두 가지가 중요하다.

첫째, 지속하는 의식이라고 해서 불변의 연속체로 오해해서는 안 된다. 바왕가 역시 쏟아져내리는 폭포와 같이 순간적으로 생멸하면서 단절도 아니고 연속도 아닌 상태로 흘러가는 것이다.

둘째, 바왕가가 여섯 가지 감각기능과 결부되지 않을 때는 아무 대상도 없이 저 혼자 흘러가는가 하는 문제이다.

남방불교 전통에서 '관찰한' 바로는 구체적 대상이 없을 때 바왕가는 ① 업과 ② 업의 표상 ③ 죽는 순간에 나타나는 다음 생의 환경에 대한 환영이라고 한다. 다른 말로, 우리는 구체적으로 무엇을 인식하지 않을 때도 잠재의식은 업과 업의 표상을 늘 인식하고 있다고 보면 된다. 즉 의식은 항상 대상을 갖는다고 보는 것이다. 아무튼 바왕가로 인해 사람의 성향이나 천성이 연속되는 것이다.

"오온이 空하다"는 것은 무아를 달리 표현한 것에 지나지 않는다.

그렇다면 무아란 무엇인가?

무아無我 : '나'라고 할 것이 없다

어떤 뇌과학자가 붓다와 비슷한 소리를 했다가 논란이 된 적이 있다. 그의 말의 요지는 이렇다.

"사람들의 기억은 매우 자의적이다. 자기의 편의와 욕구에 따라 왜곡이 심하다. 사람들은 살아오면서 경험한(정확히 말해서 경험했다고 믿는) 서로 연관되지 않은 여러 기억들에 통일성을 부여해서 '나'라고 생각한다. 그러나 그러한 일관된 자아는 존재하지 않는다……."

이 발언은 일부 동료들의 거센 반발을 불러일으켰다고 한다. 상식과 통념에 어긋나는 말이기 때문이다. 그러나 진실에는 부합할 수 있다.

'살아 있다'는 것, '존재한다'는 것은 육체적 현상[色]을 경험하고, 느낌[受]과 생각[想]과 의지[行]와 의식[識]을 경험한다는 것이다. 그러면서 육체적 현상을 '내 몸'이라 여기고, 느낌을 '내 느낌'이라 여기고…… 의식을 '내가 의식하는 것'이라고 여긴다. 이것이 '나'라는 생각, 곧 아상我相이다.

그러나 붓다가 늘 반복적으로 강조했듯이 몸이라는 현상과 마음이라는 현상은 "내가 아니고 내 것도 아니다". 우리가 경험하는 모든 물질적, 정신적 현상에는 주체가 없다. 즉 무아다. 이것은 불교에 발을 들여놓는 순간부터 죽을 때까지 풀어야 하는 유일한 문제이다.

이번 생에서 풀지 못하면 다음 생에서 풀어야 한다. 어차피 풀어야 한다면 지금 풀어보자.

그러면 내가 아니고 누구이며, 또 무엇인가?

나의 몸과 마음은 그저 폭포같이 쉼없이 흘러가는 것이다. 세친(世親, Vasubandhu)은 "의식意識은 폭류瀑流와 같다"고 말했다. 어찌 의식만 그렇겠는가? 우리의 육체도 나의 의지와는 상관없이 주인도 없이 수많은 요소들이 뒤엉켜서 이합집산을 반복하며 흘러가고 있을 뿐이다.

무아란 그렇게 뒤섞여 흘러가는 현상까지 없다고 말하는 것은 아니다. 오직 변화하며 흐를 뿐[無常] "그 흐름 속에 변하지 않고 영속하는 본질, 혹은 존재, 혹은 실체는 없다"는 말이다.

감기에 걸려서 열이 나고 쑤실 때 "'내'가 아프다"고 말한다. 아마도 무아를 분명히 보고 깨달은 붓다도 그런 표현을 썼을 것이다.

같은 표현을 쓰더라도 아상을 떠나지 못한 중생은 무의식(제7식, manas, 末那識) 중에 불변의 자아를 전제하지만 붓다는 그렇지 않다. 그래서 "내가 책상을 만지지만 오직 만질 뿐 '만지는 자'는 없다"고 말한다. 가려움을 느끼지만 '가려운 자'는 없고, 온갖 생각을 하지만 '생각하는 자'는 없으며, 무엇을 의욕하든 의욕이 있을 뿐 '의욕하는 자'는 없고, 의식할 뿐 '의식하는 자'는 없다.

그럼에도 불구하고 그렇게 경험하는 주체가 있고, 그 주체가 바로 변하지 않는 '나'라고 착각하고 집착하는 데 중생의 비극이 있다. 우리의 모든 번민과 두려움과 고통과 슬픔은 모두 이러한 그릇된 믿음에서 비롯되는 것이다.

그러면 붓다가 "오온은 나도 아니며, 내 것도 아니다"고 말한 것과 관자재보살이 "오온이 空하다"고 한 말이 무엇이 다른가? '空하다'는 것은 물론 '비었다'는 말이다. 술독에 든 막걸리를 다 마시면 우리는 "술독이 비었다"고 말한다. 그것은 술이 없는 상태이다.

그렇다면 〈반야심경〉에서 말하는 空은 대체 무엇이 없다는 것인가? 이것이 핵심이다. 부정되는 것이 무엇인지 분명해야 空의 의미가 드러날 것이다. 가령 "오온이 비었다"고 할 때 몸과 느낌과…… 의식이 비었다는 것인데, 가령 그 중에서 "몸이 비었다(色

이 空하다)"는 것은 정확히 무슨 뜻일까? 적지 않은 사람들이 생각하듯이 우리 몸을 쪼개고 또 쪼개서 원자 단위에 이르면 '생각했던 것보다' 공간이 많아서 우리 몸이 '거의' 빈 것이나 다름없다는 뜻일까? 만약 그렇다면 "空하다"고 할 것이 아니라 "대부분 空하다"고 말해야 할 것이다.

"몸이 空하다"는 것은 앞서 무아를 설명할 때 말한 바와 같이 무상하게 변하는 몸은 연기적 존재로 독립적으로 자존하는 것이 아니라는 의미이다. 즉 '영속적이고 불변하는 몸'은 존재하지 않고[無] 착각에 불과하다[空]는 것이다. 우리의 몸도 느낌도 생각도…… 의식도 순간순간 변화하면서 흘러가는 것이고 이것을 일러 무상하고, 무아이며, 空하다고 표현한다.

우리는 흘러가는 것, 즉 변화하는 것을 변화하는 그대로 보지 못하고 거기서 '나'라는 거짓된 의식을 형성하고 게다가 그것을 붙잡고 몽매간에 놓지 못한다. 그러나 안팎을 아무리 뒤져보아도 생각의 흐름, 느낌의 오고감, 몸의 변화 외에는 '나'라고 할 것이 없다!

무아와 空은 중생을 건지기 위해 붓다가 자비심으로 고안해낸 방편설이 아니다. 누구나 알 수 있고 확인할 수 있는 진실이며,

그것을 투철히 봄[照見]으로써 저 언덕(대자유의 경지)에 이를 수 있는 객관적이고도 보편적인 진리이다.

본문에서 '비추어 본다'는 뜻의 조견照見은 수사학적 표현이다. 꿰뚫어본다[徹見]고 해도 좋고, 잘 본다[善見]고 해도 좋고, 그냥 본다[見]고 해도 좋다. 지적 이해(anubodha)에 그친 것이 아니라 空한 진실을 분명히 통찰(paṭivedha)했다는 의미이다.

모든[一切] 고통[苦厄]을 벗어났느니라[度]

도度는 '건넜다'는 의미에서 도渡로 읽어도 되고, 구제되었다는 의미에서 제도濟度로 해석해도 된다. '모든[一切] 괴로움[苦厄]을 벗어났다[度]'는 말이다. 오온이 空하다는 사실을 분명히 보게 되면 아상我相이 깨지고, 그렇게 되면 당연하게도 모든 괴로움[憂悲苦惱]에서 영원히 벗어나게 된다.

"'나'라고 철석같이 믿었던 몸과 심리현상 등이 실체가 없는[空한] 흐름에 불과하다는 것을 분명히 보면 모든 괴로움에서 벗어나 대자유를 누리게 된다"는 것이 반야심경의 요지이다.

팔만대장경도 이 한 문장으로 요약된다.

〈군소리〉

고등학교 3학년 학급에서 성적이나 품행이 중간 정도 되는 학생이면 다 이해할 수 있게 쓰고 싶다는 것이 애초에 나의 바람이었는데 지금 와서 돌아보니 그 여망이 제대로 실현되지 않은 것 같다.

내가 말을 어렵게 하는 버릇이 있는 것도 아니고, 나름대로 애를 썼는데도 잘 되지 않는다. 그래서 한동안 고민을 했다. 이대로 계속 나갈 것인가, 아니면 중학생 정도면 알아들을 정도로 더 쉽게 쓸 것인가. 섭섭하지만 결론은 이대로 갈 수밖에 없다는 것이다. 적절한 비유인지는 모르겠지만 초등학생에게 미적분을 이해시키는 것은 어렵다. 미적분을 하려면 4연산(더하기, 빼기, 나누기, 곱하기)만으로는 어렵고 방정식과 함수를 이해해야 한다.

미적분을 몰라도 미적분이 적용되는 세상에 살아가는 데는 아무 문제가 없고, 불교를 몰라도 모두들 불교의 진리 속에 살고 있다. 그러나 미적분을 배워서 실제로 적용하는 사람들이 있듯이 불교학자가 아니더라도 불교를 지적으로 정확하게 이해하고 싶은 사람도 있을 것이다. 또 정확하게 알아가는 자체가 이미 수행이다. 깨달음이란 조금 깊은 앎을 가리키기 때문이다.

그런데 어떤 이론을 쉽게 설명하는 것과 정확하게 해석하는 것은 서로 상충될 때가 많다. 불교 이론처럼 난해한 사상을 정확하게 전하려면 정보의 절대량이 필요하고, 최소한의 복잡성은 불가피하다.

따라서 내가 지향해야 할 목표는, 난이도라기보다는 누구든 이해하려고 노력하는 사람은 알 수 있도록 정확한 지도를 그리는 일이다.

각론

舍利子, 色不異空 空不異色 色卽是空 空卽是色
사리자, 색불이공 공불이색 색즉시공 공즉시색

[직역] 몸[色]은 空과 다름없고, 空은 몸과 다름없다. 몸은 空한 것이고, 空한 것이 바로 몸이다.

보통 색色을 '물질'로 번역하는 경우가 많은데 여기서 색(rūpa)은 물질 일반을 가리키는 것이 아니라 오온 가운데 색을 가리키기 때문에 몸이라고 하는 편이 옳다(물질이 空하지 않다는 말은 아니다).

운율과 강조를 위해 중언부언한 16글자의 뜻은 간단명료하다. "몸은 空하다". 오온이 다 空하지만 우선 색(몸)을 먼저 든 것이다.

그런데 "몸이 空하다"는 한 마디로 그치지 않고 '空하지만 空한 대로, 空함에도 불구하고' 여전히 몸이라는 대목은 단순한 동어반복이 아니라 불교의 중도를 겨냥하고 있다. 불교는 중도사상이고 空사상의 본령도 중도이다. 중도가 제대로 구현되지 않으면 불교는 신비주의나 허무주의로 전락할 위험이 있다.

불교에서는 사람의 몸과 마음을 만드는 조건들을 '네 가지 음식[四食]'이라고 한다.

첫째, 단식摶食이다.

고체와 액체, 기체로 된 음식이다. 입으로도 먹고 피부로도 먹는다. 이 음식에 따라 일단 몸과 마음이 달라진다. 맹자가 말한 '양이체養移體'가 이것인데, "먹는 것[養]이 몸[體]을 바꾼다[移]"는 의미이다. 좋은 음식은 물론이고 좋은 공기만 마셔도 피부와 살집, 눈빛이 달라지고 정신도 맑아진다.

둘째, 촉식觸食이다.

우리는 여섯 감각기관(눈, 귀, 코, 혀, 피부, 마음)이 여섯 가지 대상(형상, 소리, 냄새, 맛, 촉감, 관념)을 접촉하면서 일어나는 즐거운 느낌에 대해서는 집착을 하고, 괴로운 느낌에 대해서는 혐오감을 일으키며 살아간다.

마치 소화기관이 음식을 소화시켜서 피와 살을 만들 듯이 감각기관이 대상을 만날 때 생기는 호오好惡와 고락苦樂의 느낌(정확히 말해서 호오와 고락에 대한 집착과 혐오감)이 먹이가 되어 또한 몸과 마음을 변화시키는 것이다. 집착이나 혐오감은 말하자면 스트레스라고 할 수 있는데 스트레스가 사람의 정신과 육체에 어떤 해악을 끼치는지는 부언할 필요가 없을 것이다. 어떤 히포크라테스의 후예는 모든 질병의 근원을 (정신적, 육체적) 스트레스라고 단언한다.

셋째, 사식思食이다.

여기서 사思는 생각으로 일으키는 의지적인 작용을 의미한다(오온의 行과 유사하다). 여섯 가지 대상에 대한 호오와 고락의 느낌이 일어나면 집착이나 혐오감이 일어나고, 그것을 취하거나 피하고 싶은 욕구가 생기는 것이다. 이러한 욕구 내지 의욕을 먹이라고 한 것은 그러한 의지적 작용이 또한 나의 몸과 마음을 자라게 하고 변화시키기 때문이다. 즉 생각이 사람(의 심신心身)을 만든다. 평소에 어떤 생각을 하느냐에 따라서 사람의 기상과 품격이 달라지고 동시에 수백 개의 얼굴 근육을 변화시켜서 얼굴색과 표정까지 바꾼다.

마지막으로 식식識食은, 여섯 감관이 여섯 대상을 만나는 모든 경험의 순간에 분별하는 의식 자체도 몸과 마음을 변화시키는 음식이라는 것이다.

이렇게 음식은 물론이고 모든 정신적 활동도 몸과 마음을 기르고 바꾸는 먹이다. 우리는 입으로 먹는 음식이 심신을 기른다는 것을 알기 때문에 정갈하고 영양가 있는 음식을 가리고, 또 장만할 때도 정성을 들인다. 그러나 우리의 정신활동(느낌과 생각과 의식)이 우리의 심신을 변화시키는 음식이라는 관점에서 접근하는 사례는 별로 듣지 못했다.

붓다가 말한 사식四食이 추상적으로 들릴 수도 있지만 사실상 정신과 육체가 서로 영향을 주고받으며 상호작용을 하고 있다는 것은 상식적인 차원에서도 충분히 이해된다.

내 몸은 어머니 뱃속에서 자궁에 착상한 순간부터 어머니를 통해 사식四食을 섭취한다. 그것은 작용 주체가 없는 '자연스러운(spontaneous)' 과정이요, '기계적인' 과정이다. 밖에서 빌려온 물건들이 DNA 정보에 따라 배열되면서 온갖 복잡한 작용을 한다.

심장이 뛰고, 피가 돌고, 손톱이 자라고, 신경조직을 통해 정보가 이동하는 과정에 '나'는 관여하지 않고 할 수도 없다. 우리 몸은 '저절로' 그렇게 돌아간다.

소립자, 원자와 분자 차원에서 볼 때 내 몸이라는 것은 현기증이 날 정도로 변화무쌍하다(이것이 무상이다). 어마어마하게 다양한 요소들이 복잡한 상호작용을 하면서(이것을 '연기한다'고 표현한다) 흘러갈 뿐, 그 변화를 관통하는 불변의 독립적으로 자존하는 무엇은 존재하지 않는다(이것을 '空하다'고 하고, '무아'라고 한다). 그래서 空과 연기와 무아는 하나의(유일한) 실상에 대한 다른 표현이다.

핵심적인 부분이라서 복습을 겸해서 부연했다.

受想行識 亦復如是

수 상 행 식 역 부 여 시

[직역] (색色과 마찬가지로) 수상행식受想行識도 역시 그와 같다.

즉 몸[色]이 空하면서 여전히 몸이듯이, 고락의 느낌[受]과 지각[想]이나 의지적 요소[行], 분별작용[識] 역시 空하고, 空한 채로 또 느낌이요, 지각이요, 분별이라는 것이다.

오온의 개별 정의는 위에서 설명했지만 사실 자세히 몰라도 된다. 인격적 개체가 몸과 마음으로 구성되어 있다고 할 때 색은 몸이고, 나머지 넷은 마음의 기능을 세분한 것이라고 이해하면 된다. 그러니까 "몸도 空하고 마음도 空하다"는 말이다. 동시에 "空하면서 몸이고 空하면서 마음이다".

마음의 기능 가운데 감각, 느낌, 혹은 감수感受 작용으로 번역되는 수(受, vedanā)가 중요하므로 잠시 부연하겠다.

수는 정신적 현상[名, nāma]으로 분류되지만 몸과 마음을 연결하는 기능을 포함한다. 사람의 여섯 감각기관(눈, 귀, 코, 혀, 몸, 마음 등 육근六根)이 각각 여섯 대상(색깔과 형상, 소리, 냄새, 맛, 촉감, 관념 등 육경六境)을 만날 때 여섯 가지 의식(안식眼識, 이식耳識, 비식鼻識, 설舌識, 신식身識, 의식意識 등 육식六識)이 일어나는데, 이 세 그룹이 만나는 것[三事和合]을 전문 술어로 '촉(觸, sparśa)'이라고 한다. 수는 촉에서 일어난다.

눈이 아름다운 색깔이나 형상을 보면 좋은 느낌[樂受]이 일어날 것이고, 추한 색을 보면 싫은 느낌[苦受]이 일어날 것이다. 어떤 경우에는 좋지도, 나쁘지도 않은 느낌[不苦不樂受]을 받는 경우도 있을 것이다.

우리가 무엇을 지각할 때 그 대상에 대해서 좋거나 싫은 마음이 일어나는 것은 거의 자발적인 과정이다. 그것은 컴퓨터와 같이 우리 뇌에 프로그래밍되어 있다. 다만 컴퓨터는 사람이 그 조건을 입력하지만 사람의 경우에는 자기의 반복되는 행위에 의해 경향성이 형성된다.

행위 자체와 그 결과로 나타나는 것이 모두 업(業, karma)인데, 몸[身]과 입[口]과 생각[意]을 통해 업을 쌓게 된다. '자라 보고 놀란 가슴 솥뚜껑 보고 놀라는' 이치가 업이 순환하는 메커니즘이다.

이렇게 수受는 자신의 과거의 행위와 경험에 의해 조건화되어 있기 때문에 자기 마음대로 괴로움을 피하고 즐거움만 얻을 수가 없다. 공부든 일이든 우리가 열심히 노력하는 것은 좀더 즐거운 느낌을 되도록 '많이' '오래' '안전하게' 누리기 위한 것이다. 더 멋있는 것들을 보고, 더 감미로운 소리를 듣고, 더 향기로운 냄새를 맡고, 더 맛난 것을 맛보고, 더 부드러운 것을 만지고, 더 즐거운 생각을 하기 위한 것이라는 말이다. 어떻게 보면 우리들의 삶의 목적이 즐거운 수(느낌)를 취하고, 괴로운 수를 멀리하는 데 있다고 해도 과언이 아니다.

그렇다면 어떻게 하면 우리가 덜 괴롭고, 더 즐겁게 살 수 있을 것인가?

붓다의 분석이 실망스러울지도 모르겠다. 우리가 구하는 감각적 쾌락은 우리를 만족시킬 수가 없다는 것이다. 그것은 지속되지도 않고, 설사 어느 정도 지속된다 할지라도 한계 효용이 점점 떨어져서 (갈증만을 유발하기 때문에) 종국에는 괴로움이 될 수밖에 없다는 것이다. 그래서 붓다가 제시하는 해결책은, 쾌락에 대한 욕망에 '너무' 빠져들지 않는 게 평화로운 삶에 도움이 된다는 것이다.

우리의 욕망을 존중해주지 않는 붓다의 조언은 대개 무시되거나 비웃음을 산다. 《어린 왕자》에는 사냥꾼에 쫓기는 여우 이야기가 있다. 이 여우는 어린 왕자의 별에는 사냥꾼이 없다는 말을 듣고 귀가 번쩍 뜨이지만 그 별에는 잡아먹을 닭도 없다는 것을 알고 개탄해 마지않는다 .

"세상에 완전한 건 없다니까!"

마찬가지로 당장 끓어오르는 욕망의 충족이 중요하지 평화로운 삶이 무슨 의미가 있는가!

욕망이 변치 않는 실체라면 그런 불평도 이유가 있다. 그러나 모든 물리적, 정신적 현상은 모두 空하다. 空하다는 것은 불변의 실체가 아니고 조건에 따라 변한다는 말이다. 흡연(혹은 여타)의

욕구가 하도 강해서 실체 이상의 실체처럼 자신을 지배하더라도 그 순간에 연쇄실인마가 들어와서 목에 칼을 들이대는 순간 흡연 욕구는 흔적도 없이 사라질 것이다.

좋은 마음이든 악한 마음이든 마음은 空하다. 만약 욕망이 空하다는 것을 분명히 볼 수만 있다면 그 욕망으로부터 자유로울 수 있을 것이고, '자기를 이기는 자'가 될 수 있을 것이다(사실 불교 공부의 즐거움은 이렇게 진실[空]을 정확하고 투철하게 봄으로써 자유를 얻는 것이다). 그렇다고 해서 불교가 욕망과 쾌락을 죄악시하는 것은 아니다. 다만 쾌락의 노예 상태로부터 벗어나는 길을 권하고 제시할 뿐이다.

〈반야심경〉은 사물의 空함을 통찰함으로써 완전한 자유(열반)에 이르는 길을 제시하는 경전이다.

그렇다면 느낌[受]은 과연 空한가?

세상에 그 어떤 것도 영속적인 것은 없다. 어떤 느낌도, 어떤 정신 현상도 지속적이지 않다. 모든 물질적, 정신적 현상은 일어나는 순간 바로 사라진다.

지속되는 치통을 앓을 때 통증이 간단間斷 없이 지속되는 듯이 느껴지지만 앞 찰나의 통증과 바로 뒤 찰나의 통증은 다른 통증이다. 마치 타고 있는 촛불이 순간순간 다른 요소들의 연소인 것과 같다.

우리의 느낌(이하 상想, 행行, 식識도 마찬가지다)도 그렇다. 순간순간 아픈 느낌을 유발하는 요소들이 다르다. 제각기 다른 요소들이 서로 의존해서 매순간 서로 다른 통증을 일으키면서 이어진다. 즉 수도 연기적으로 일어난다는 말이다.

이렇게 무상하게 변화해가는 통증의 흐름 외에 불변하는 통증의 실체는 없다. 그래서 수는 空하다.

그러나 空(즉 '있는 그대로의 진실')을 단지 지적으로 이해하는 것만으로는 통증의 지배로부터 벗어날 수는 없을 것이다. 그것이 연기적이고 空하다는 것을 통찰할 수 있을 때, 다시 말해서 '내가 보는' 것이 아니라 단지 '보는 작용'으로 관觀할 수 있을 때 그 치통은 더이상 '나의 통증'이 아니고, 이전의 통증과도 다르다.

그러나 업의 충동력에 의해 거리를 두고 바라볼 수 없기 때문에 통증이 객관화되지 않고, 그 속에 함몰되고 종속됨으로써 마침내 거부할 수 없는 실체로서 '나의 통증'이 되는 것이다. 이것이 무상한(즉 空한) 현상의 실체화 과정이다.

이렇게 비교적 상세하게 기술할 수 있는 것은 내가 직접적으로 시험해보았기 때문이다. 그래도 어쨌든 물리적으로 똑같은 통증이 아니냐고 자꾸 항의하면 나도 어찌할 수가 없다.

시험삼아 얘기해보자.

《식물의 정신생활》이라는 책을 보면 식물도 주변 현상에 반응한다. '반응한다'는 것은 주변의 물리적 현상을 수용 가능한 방식으로 변화시킨다는 말과 다르지 않다. 그렇다면 훨씬 복잡한 시스템으로 반응하는 사람은 어떻겠는가?

나관중은 《삼국지》에서 독화살을 맞은 관운장이 뼈를 깎아내는 수술을 하는 중에 바둑을 두도록 연출한다. 사실 여부는 확인할 수 없지만 충분히 가능한 일이고 그 비슷한 사례는 수없이 많다. 관운장도 다른 사람과 똑같은 통증을 느꼈지만 참았던 것일까? 과연 무엇이 똑같은가?

모든 감각은 수동적으로 주어지는 것이 아니고 개체가 선별적이고 능동적으로 취하는 것이다. 소음은 내게 들리는 게 아니고 내가 듣는 것이다. 예컨대 지구가 돌아가는 소리가 너무 커서 지구상의 동(식)물은 그 소리를 가져오지 않는 방향으로 진화했거나 뇌가 속이고 있는 것이다.

처음으로 돌아가자.

몸도 空하고, 마음[受想行識]도 空하다. 동시에 空하면서 몸이고, 空하면서 마음이다. 치통은 참기 어려울 정도로 아프지만 空

하고, 空하지만 치통이라고 부른다.

是諸法空相 不生不滅 不垢不淨 不增不減
시 제 법 공 상 불 생 불 멸 불 구 부 정 부 증 불 감

[직역] 이러한[是] 모든 법[諸法]의 空한 모습은[空相] 생겨나지도 않고[不生] 소멸하지도 않으며[不滅], 더럽지도 않고[不垢] 깨끗하지도 않으며[不淨], 늘어나지도 않고[不增] 줄어들지도 않는다[不減].

이러한[是] 모든 법[諸法]의 空한 모습[空相]은

여기서 법法은 정신적, 물질적 일체의 대상을 가리킨다. 법은 우리 마음에 비친 대상이요, 그것을 넓히면 우리 마음(의 풍경)이라고도 할 수 있다. 그런 의미에서 법을 영어로 'mental object(정신적 대상)'로 깔끔하게 번역하기도 한다.

원문의 '모든 법[諸法]'을 법(즉 사물) 일반으로 볼 수도 있고, 앞에 나온 오온으로 한정할 수도 있다. 모든 사물은 우리의 오온에 드러난 것으로서 우리가 인식한 이후에 비로소 대상이 되므로

오온이 곧 일체一切, 모든 법이라고 할 수도 있다. 이하에서는 오온으로 통일한다.

오온이 空하기 때문에 다음과 같은 모습[相], 즉 특징을 가진다.

생겨나지도 않고[不生] 소멸하지도 않는다[不滅]

이 문장을 "생멸이 없기 때문에 영원하다"고 번역하는 경우에는 오해의 소지가 생긴다. 오온은 영원한 것이 아니다. 영원은커녕 순간적으로 나타났다가 사라진다.

"찰나에 생멸한다"는 것이 무상의 정확한 의미이다. 이것은 종교적 도그마가 아니라 관찰된 사실이다. 물리학도 그것을 뒷받침한다. 소립자의 생멸을 보라. 따라서 완전하게 풀면 "오온은 생겨나는 것도 아니고 사라지는 것도 아니다".

과연 그런가?

우선 몸을 예로 들어보자.

나는 이렇게 살과 뼈와 장기와 피와 체액으로 구성된 '어떤 물체'를 '내 몸'이라고 생각한다. 그러면 내 몸은 언제 '생겨'났을까? 정자가 난자의 벽을 뚫고 들어가서 수정이 되는 순간인가?

아니면 줄기세포들이 성장해서 여섯 감각기관[六根]을 완전히 갖춘 후인가?

먼저 수정 순간을 보자. 정자와 난자가 결합하지 않으면 새 생명이 탄생할 수가 없다. 그러면 정자가 수정되는 순간에 이전에 없던 것이 '새롭게' 생겨난 것으로 볼 것인가? 즉 무에서 유가 나왔는가? 아니면 정자와 난자가 결합하면서 변화한 것으로 이해할 것인가? 즉 유가 다른 유로 변했는가?

그것은 수소 분자 두 개와 산소 분자 하나가 결합해서 물이 되는 이치를 보면 자명해진다. 물은 수소 둘과 산소 하나의 특별한 결합양식에 불과하다. 우리는 그것을 산소나 수소가 아닌 '물'이라는 기호를 붙이지만 정확히 말해서 없던 것이 새롭게 생겨났다고 볼 수는 없을 것이다.

물방울들의 모임인 구름도 마찬가지다. 우리는 구름 하나 없던 하늘에 '구름이 생겨났다'고 습관처럼 말하지만 허공중에 눈에 보이지 않게 미세하게 있던 물방울들이 온도나 기압 등의 조건의 변화로 눈에 보이는 형태로 변화했을 뿐이다. 구름이 비로 내린다고 해서 있던 구름이 소멸하고 없던 비가 생겨난 것도 아니다.

실로 우주 공간에는 새로 생겨난 것도 없고, 완전히 사라진 것도 없다.

우리 몸도 마찬가지다. 정자와 난자가 결합한 후에도 시시각각 무상하게 변화해갈 뿐 고정되어 있는 것도 없고, 변화를 이끌어가는 주체도 없다. 이것은 불교의 도그마가 아니다. 선입견과 통념을 배제하고 들여다보자.

자세히 관찰해보면 우리 몸은 밥통과 대장과 같은 큰 파이프들과 모세혈관과 세포에 이르는 무수한 미세 파이프들로 구성되어 있다. 복잡한 건물의 상하수도 배관구조와 비슷하지만 우리 몸이 다른 점은 크고 작은 파이프 자체로만 구성되어 있다는 점이다. 그것이 유기체의 특징이다. 한마디로 사람의 몸=파이프들(pipes)이다. 비어 있는 파이프의 안쪽은 안이 아니고 밖이다. 그런 의미에서 우리 몸은 안팎이 없다.

쟁반에 담긴 사과는 내가 아니고, 따라서 나의 바깥에 있다. 그것을 꼭꼭 씹어서 식도를 통해 밥통에 집어넣어도 여전히 내 몸이 아니다. 그저 파이프를 통과하는 과정일 뿐이다.

그렇다면 언제 사과가 '내 몸'이 되는가? 파이프의 논리를 계속 밀고나가면 그것이 소화되어 혈관에 흡수되고 세포에 공급된 후에도 여전히 내가 아니다. 세포 자체가 또 안팎이 따로 없는 미세 파이프 망網이기 때문이다. 이렇게 촘촘한 파이프 망 속에서 (마치 수소와 산소가 결합해서 물이 되듯이) 화학물질로 분해된 사과가 다른 물질과 상호작용을 하며 변화해갈 뿐 끝내 '내'가 될 기약은 없다.

결론이 이상하다. 내가 사과를 먹어서 '내 피부가 고와졌다'고 말하지만 사과는 내 몸이 된 적이 없다. 어째서 이런 이상한 결론에 도달하는가? 그것은 내 '몸'이나 '사과'가 '다른 것과 구별되는 실체로' 참되게 존재한다고 가정했기 때문이다. 몸을 참되게 존재하는 것으로 보게 되면 생겨나기도 하고, 소멸하기도 한다.

구름도 그 자체로 독립 자존적 실체로 보면 생겨나고, 또 사라진다. 그러나 구름은 불변하고 독립 자존적인 실체가 아니기 때문에 오직 변화의 한 양상으로 드러날 뿐 생겨나지도 않고, 소멸하지도 않는다.

실체가 아니고 연기적이고 空한 것이기 때문에 '생성'과 '소멸'이라는 말을 쓸 수 없는 것이다.

더럽지도 않고[不垢] 깨끗하지도 않다[不淨]

똥이 더럽다고 한다. 그러나 구더기나 똥파리와 같은 생명체에게는 향기로운 음식이요, 안락한 집이다.

언젠가 국도를 따라 승용차를 몰고 트럭 뒤를 따라간 적이 있다. 트럭 뒤에 무엇이 실렸는지 심한 악취가 났다. 생물체가 썩는

역한 냄새라고 단정하니 불쾌감이 일어났다.

그런데 달리 생각해보니 잘 발효된 젓갈일지도 모른다는 생각도 들었다. 알다시피 젓갈은 생명체가 발효된 것인데 부패해가는 양상과 매우 비슷하다. 그럴 가능성이 높다고 생각하니 잘 삭은 젓갈 특유의 향기로 느껴졌다.

잘 발효된 똥과 된장을 두고도 이런 착각이 일어날 수 있다. 판단력이 모자라는 사람을 두고 '똥인지 된장인지 모른다'는 표현을 쓰는데 사실 모를 수도 있다. 민간요법에서는 매를 맞아 생긴 장독杖毒에는 똥물이 즉효라고 한다.

변화의 관점에서 보면 사람들이 눈살을 찌푸리는 똥은 짚이나 풀을 썩혀서 퇴비를 만들고 퇴비가 들어간 땅에서 자란 작물은 맛과 영양이 좋다. 어디서 어디까지 더럽고, 어디서부터 깨끗해지는가? 누구에게 더럽고, 누구에게 깨끗한가? 무엇이 더럽고, 무엇이 깨끗한가?

똥 이야기만 할 게 아니라 깨끗하고 아름다운 이야기도 해보자.

어떤 남자가 '숭배하는' 여자 연예인이 한 사람 있다고 하자. 그녀의 아름답고 백옥 같은 피부를 배율이 높은 확대경으로 관찰하게 되면 피부면의 미시세계에서 얼마나 많은 박테리아와 벌레들이 들끓고 있는지 놀라 자빠지게 될 것이다.

불행인지 다행인지 우리의 육안은 그 정도로 정밀하게 진화하지 않아서 그런 것들이 보이지 않고, 따라서 없다고 간주하지만 그런 벌레들이 존재하지 않는 것은 아니다. 그렇다면 그 피부는 깨끗한가, 더러운가?

사물이 空하지 않다면 깨끗한 것은 영구히 깨끗할 것이요, 더러운 것은 또 끝끝내 더러울 것이다. 그러나 그렇지 않고 시간과 공간에 따라 상황에 따라 깨끗하고 더러운 것이 달라진다.

사람들은 상대적 논리를 잘 구사하는데 모든 가치판단이 조건부이고 상대적인 것은 사물이 空하기 때문이다. 다시 말해서, 상대적 관점에는 "고정되어 있는 것이 없다"는 空의 논리가 깔려 있다. 따라서 이론적인 차원에서는 空사상이 상식을 뒷받침하는 것이다.

예컨대 그 자체로 본성상 변치 않는 실체의 속성으로서 더러운 것과 깨끗한 것, 아름다움과 추함이 결정되어 있는 것은 아니다.

모든 분별은 중생의 상相에 비친 것이다. 상은 아주 중요한 개념이다. 잘 숙지하면 불교 이해에 큰 도움이 된다. 상은 한 마디로 '다생多生의 업식에 비친 모습'이다. 오랜 세월에 걸쳐 반복된

행위(業, karma)에 의해 형성된 경향성, 혹은 인식의 틀에 비친 상像을 상相이라고 한다.

속담 중에는 이 상의 이치를 빗댄 표현이 많다. "제 눈에 안경", "개 눈에 똥만 보인다", "자라 보고 놀란 가슴 솥뚜껑 보고 놀란다"…… 등이 상의 형성과 작동 원리를 보여준다.

늘어나지도 않고[不增] 줄어들지도 않는다[不減]

모든 사물이 空하다는 측면에서 보면 늘어나지도 않고 줄어들지도 않는다는 말이다. 空하다는 것은 실체가 아니라는 뜻이다[無自性故空].

실체가 아닌 것은 한정할 수 없고, 계량할 수 없다. 구름을 다른 것과 분리되어 있는 독립된 실체로 이해할 때는 그 일부가 비가 되어 내릴 때 '구름이 줄었다'고 말할 수 있다. 그러나 구름과 비는 이름[假名]일 뿐, 실제로는 무한정적인 일체一體의 거대한 변화 과정일 뿐이어서 구름이 줄고 비가 늘어났다고 말할 수 없다. 실상의 차원에서는 늘어나는 것도 없고 줄어드는 것도 없다.

이 또한 상식적 차원에서 이해가 가능하다. 좀 별나고 끔찍한 비유일지는 모르지만 호랑이가 떡할매를 잡아먹는 장면을 상상해보자. 거시적 차원에서는 호랑이가 떡할매를 삼키는 것이지만 원자 단위의 미시적 차원에서는 그 순간이 원자들의 격렬하고 복잡한 율동으로 보일 것이다.

총체성으로 볼 때 과연 무엇이 줄어들었고 무엇이 늘어났는가? 시바(Siva) 신의 우주적 춤 속에서는 줄어들 것도 없고 늘어날 것도 없다.

空을 깨달았을 때 드러나는 세상의 참모습[實相]은 언어와 문자로 묘사할 수가 없다. 생각이 끊어진 자리이기 때문이다. 생각이 끊어졌다는 것은 분별이 끊어졌다는 것이다. 분별하는 마음이 없으면 세상의 모든 차별—생성과 소멸[生滅], 더럽고 깨끗함[染淨], 늘어나고 줄어듦[增減], 곱고 미움[愛憎]—도 사라진다.

우주가 공간적으로 아무리 넓고 시간적으로 무한하다고 해도 그것은 마음이 투사한 것이고, 마음으로부터 전개된 것이다. 누가 이 기막힌 진실을 의심 없이 받아들일 수 있겠는가? 이렇게 내 몸과 마음, 세상천지는 마음의 조화요, 환화幻化다. 과연 꿈보다 더 또렷하다고 할 수 있겠는가?

밖을 향한 마음을 돌이켜서 일체의 생각을 쉬고 그 환화의 근거지를 뚫게 되면 우리가 '생시'라고 말하는 모든 것이 또 하나의 꿈이라는 것이다. 그때 과연 무엇이 '있다'고 하겠는가? 꿈에서 깨면 꿈속의 모든 것은 '있다'고 말할 수 없다. 마찬가지로 세상 만사가 생각이 지어낸 것이라는 것을 알게 되면 생각이 만든 모든 것 또한 '있다'고 할 수 없다.

실제로 모든 현상은 우리 마음에서 연기해서 나타나는 것이다. 그것은 마치 꿈속에서 일시에 세상을 만들고 부수는 것과 같고, 눈병 난 사람이 허공에 무수한 허상을 보는 것과 같다. 空한 실상을 보는 것은 꿈을 깨는 것과 같으며, 눈병을 치료하는 것과 같다. 꿈을 깨고 눈병을 치료하면 그만이지, 꿈을 깨고 눈병이 나은 후에 보는 실상이 따로 있는 것은 아니다.

지금부터 이어질 '무의 변주'(오온도 없고, 육근과 육경과 육식도 없고, 합해서 십팔계十八界도 없고, 십이지연기十二支緣起도 없고, 지혜智慧도 없고, 얻는 것도 없다……)는 이것을 말한 것이다.

꿈속의 사물도 아주 없는 것은 아니지만(꿈이란 현상은 있으므로), 참으로 있는 것은 아니다. 마찬가지로 마음이 현출해낸 이 세상 만사 만물도 아주 없는 것은 아니지만 참으로 존재하는 것도 아니다. 생각이 끊어진 자리, 즉 마음이 空한 상태에서 그것은 더이상 분별의 대상도 아니요, 집착의 대상도 아니다.

是故 空中 無色 無受想行識

시고 공중 무색 무수상행식

[직역] 그러므로[是故] 空한 진실에서는[空中] 색色도 없고, 수상행식도 없다.

'공중空中' 두 글자를 번역하는 데 꽤나 오랜 시간이 걸렸다.

空 속에서는?

空한 마음에는?

空의 관점에서는?

좀 거칠지만 '空한 진실에서는'으로 정했다. 空의 진실을 깨치면 오온이 '없다!'는 것이다.

'무無'자가 묘하다.

차를 다 마시면 찻잔에는 차가 없다[無]. 둥근 삼각형은 없고[無], 토끼의 뿔도 없다[無]. 그렇다면 오온도 그렇게 모두, 아주, 완전히 없다(無, nothing)는 것인가?

앞서 말한 바와 같이 불교는 중도다. 그렇게 극단으로 몰고 가면 허무주의가 되고 염세론이 된다. 여기서 무는 (진실[空]의 눈으로 볼 때는) '차별이 없다'는 뜻이며, '꿈속의 사물이 생시에 없듯이 없다'는 뜻이며, '눈병 난 사람의 눈에 비친 허상이나 신기루가 실제로 없듯이 없다'는 뜻이다.

유식사상에서는 인간계의 중생[즉 사람]이 물[水]이라고 보는 것을 색계色界 중생은 보석으로 보고, 아귀餓鬼는 피고름덩어리로 본다고 한다(지옥 중생은 화염으로 본다던가?).

과연 어떤 것이 제대로 보는 것인가? 제각기 업에 따라 업식에 비치는 대로 볼 뿐이다. 그렇기 때문에 '이것은 물'이라고 해도 맞지 않고, '이것은 보석'이라고 해도 맞지 않다. 동시에 물이라고 해도 맞고, 보석이라고 해도 틀리지 않는다. 그와 같이 여기서 '없다[無]'고 한 것은 '무엇으로 규정되어 있지 않다'는 의미이다.

축농증이 심한 사람은 맛을 못 느끼고, 어떤 질병에 걸린 사람은 모든 음식에서 비린내를 맡는다고 한다. 내가 달다고 느끼는 치즈 케이크에서 어떤 사람은 비린내를 맡고, 어떤 사람은 전혀 맛을 모른다. 과연 어느 맛이 옳은가?

사실 단맛도 본래 없고 비린 맛도 본래 없다. 진화 조건과 질병이라는 조건에 따라 달거나 비린 맛으로 느껴질 뿐이다.

여기서 한 가지 의문이 생긴다.

앞에서 "오온이 모두 空한 것을 비춰보았다"고 하고 여기서는 "오온이 없다[無]"고 말한다. 오온이 空하다고 하면 다 된 것인데 다시 '없다[無]'는 말을 쓴 것은 또 무엇 때문인가?

그래서 '공중空中'의 해석이 중요해진다. 오온은 '空하지만 空한 채 또 오온이다.' 다시 말해서 空은 현상을 버리고 텅 빈 데 치우쳐 있는[偏空] 것도 아니고, 현상과 단절되어 있는[斷空] 것도 아니다.

앞서 1부('중론中論의 空과 중도中道')에서 소개한 용수의 게송에서 보듯이 오온이 空하다는 말 속에는 중도의 의미가 함축되어 있다. 중도가 바로서면 그것으로 충분한데 어째서 오온을 다시 죽이는가[無]?

오온이 空하다는 것과 오온이 없다는 것은 엄연히 다르다. 자칫 편공偏空과 단공(斷空, 혹은 但空)에 치우치는 게 아닌가 의심이 든다.

문장을 다시 읽어보면, "空을 꿰뚫어볼 때[空中]는 오온이 없다[無]"는 것이다. 이것은 현상으로서의 오온에 대한 중생의 집착을 부수는 데 주안점을 둔 것이다.

모든 사물은 空한 동시에 유有(현상, 존재자)이고, 유인 동시에

空하다. 그러나 중생들이 차마 버릴 수 없는 것은 모든 현상이 참답게, 그 자체의 정체성을 가지고 독립 자존적인 실체로 존재한다는 고집과 집착이다. 그래서 "오온이 없다!"는 폭탄선언은 오로지 중생의 미망을 깨뜨리는 데 그 목적이 있다.

이른바 파사즉현정破邪卽顯正이다. 그릇된 것[邪]을 부수는 것[破] 자체가 바른 것[正]을 드러내는[顯] 것이므로 달리 바른 것을 따로 세울 필요가 없다.

오온이 참된 유라는 잘못된 생각을 깨뜨리는 것[破邪]이 바로[卽] 空이라는 바른 중도의 이치, 즉 중도의 실상을 드러내는[顯正] 것이다. 空이 바로 중도이기 때문이다.

無眼耳鼻舌身意 無色聲香味觸法 無眼界 乃至
無意識界

무 안 이 비 설 신 의　무 색 성 향 미 촉 법　무 안 계　내 지
무 의 식 계

[직역] 눈, 귀, 코, 혀, 몸, 생각도 없으며, 형상과 소리와 냄새와 맛과 촉감과 관념도 없으며, 안계眼界에서 의식계意識界까지도 없으며…….

보통 중생의 경험계를 세 가지로 분류해서 설명한다.

하나는 앞서 나온 오온이요, 둘은 십이처十二處요, 셋은 십팔계十八界다. 이것은 불교 인식론의 기초이기 때문에 이 정도는 알아두는 것이 좋고, 또 그다지 어려운 것도 아니다.

십이처는 감각기능인 육근(六根 : 눈, 귀, 코, 혀, 몸, 생각)과 그 대상인 육경(六境 : 형상, 소리, 냄새, 맛, 촉감, 관념)을 가리킨다. 붓다는 '세상의 존재하는 모든 것, 즉 일체는 십이처'라고 말한 바 있다. 우리의 경험은 이 열두 범주를 벗어나지 않는다는 뜻이다. 생각해보라. 이 열두 범주 이외에 무엇을 경험하겠는가?

십팔계는 육근과 육경이 부딪힐 때 그것을 알아보는 '여섯 가지 의식[六識]'을 모두 합한 것이다. 즉 육근+육경+육식=십팔계이다.

육경과 육근과 육식이 같이 나타날 때(이것을 삼사화합三事和合이라고 한다) 비로소 인식이 성립하고 이것을 부딪힘, 전문용어로 촉觸이라고 한다. 눈이 어떤 대상을 향하고 있다고 해서 그것이 보이는 것이 아니다. 반드시 눈의 의식[眼識]이 그것을 지향해야 그것이 '보인다'. 옛말에 "마음이 없으면 보아도 안 보인다[心不在焉 視而不見]"는 것도 이를 두고 한 말이다.

'무안계無眼界'에서 '안계眼界'는 '안식계眼識界'(눈의 의식)의 준말이다. '내지乃至 무의식계無意識界'는 '안식계에서 이식계耳識界, 비식계鼻識界……의식계意識界까지'라는 의미이다.

온처계(蘊處界 : 오온, 십이처, 십팔계를 흔히 '온처계'로 통칭한다)의 인식론은 깊이 들어가면 약간 복잡한데 여기서는 상론하지 않는다.

다만, 십이처와 십팔계가 모두 없다[無]는 것은 한마디로 인식하는 것도, 인식되는 것도 없다는 말이고, 일체의 우리 경험이 없다는 말에 다름 아니다.

내가 지금 사과를 보고 있는데 보는 눈도 없고, 보이는 사과도 없다는 것이다. 이 또한 '오온이 없다'는 이치와 같다. "눈이든 사과든 참된 존재[有]가 아니다"는 의미다.

왜 그 말을 되풀이, 또 되풀이하는가? 중생이 모든 현상을 참된 유로 보는 미망에서 벗어나지 못하기 때문이다. 참된 유로 보기 때문에 집착을 일으켜서 생사윤회生死輪廻에 속박되는 것이다.

無無明 亦無無明盡 乃至 無老死 亦無老死盡

무무명 역무무명진 내지 무노사 역무노사진

[직역] 무명無明도 없고, 무명이 끝나는 것도 없고…… 노사老死도 없고, 또한 노사가 끝나는 것도 없다.

〈군소리〉

1부에서 언급한 이야기지만 혹시 잊었을까 싶어 반복한다. 지금까지의 설명에서 空을 최고의 진리[眞諦]라고 말했다. 그런데 空은 영어로 emptiness라고 하든, 산스크리트어로 śūnyatā라고 하든 '비어 있음'이라는 부정적 기표 때문에 생성 변화해가는 능동적이고 긍정적인 측면[不空]이 가려져 있다.

이 '최고의 진실'은 천태와 화엄에서 대긍정大肯定의 사상이 강조되면서 실상實相, 진심眞心, 본각本覺, 원각성圓覺性, 여래장如來藏, 불성佛性 등 다양한 이름을 얻게 되었다.

비유하자면 허공은 그 정의상 텅 비어 있는 것이다. 그런데 텅 비어 있는 우주는 죽은 공간이 아니라 (big bang 이래) 무수한 사물들이 끊임없이 생성-변화-소멸을 거듭하는 살아 있는[生生不已] 공간이다.

空 역시 텅 빈 죽은 관념이 아니라 빈 채로 모든 것을 가능케 하는 생명의 장場이라는 것을 늘 유념해야 한다.

본문은 십이지연기에 관한 내용인데, 붓다가 깨달음에 이르는 과정과 통찰을 보여준다는 점에서 불교사상의 핵심적 부분이다. 空사상과는 직접적인 관련은 없기 때문에 건너뛰려고 했는데 그러기에는 아쉬운 점이 있어서 간단한 설명을 덧붙이려고 한다. 여기에는 이유가 있다.

가끔 절에 가서 예불할 때마다 〈반야심경〉을 외면서 그 뜻을 대강 음미하게 되지만 달리 분석할 필요를 느끼지는 않았다. 그러던 것이 우연한 기회에 한 줄, 한 마디를 세심하게 풀게 되었는데 나로서도 망외의 소득이 없지 않다.

애초에 시작하게 된 계기가 기존의 해석서가 만족스럽지 못했기 때문인데, 쓰다 보니 '그들'의 해석과 나의 해석의 차이가 점점 더 분명해지고, 또 그 간극이 크다는 것을 느끼게 되었다. 저들이 천편일률적으로 오류를 범한 부분을 만나면 나의 이해와 해석에 문제가 있지 않은가 반성하게 된다. 다수多數란 그만큼 무서운 것이다.

그러던 중 우연히 청담青潭 스님의《해설 반야심경》에 인용된 과거 고승들의 해석을 열람하고서야 비로소 내가 엉뚱한 주소에서 헤매고 있지 않다는 것을 확인하고 안심할 수 있었다.

다수의 해석자들이 왜 그렇게 空을 제대로 이해하지 못하고 구렁이 담 넘어가듯 동어반복만 일삼는 것일까? 아마도 근현대 우리나라 불교학의 중심이 비정상적으로 선불교에 치우치면서 교학적 전통이 약화된 데 일차적 원인이 있는 것 같다.

그렇다고 나의 해석이 무오류이며 〈반야심경〉의 오의奧義를 남김없이 풀어놓았다고 말하려는 것은 아니다. 다만, 나도 모르는 말은 쓰지 않으려고 노력했고, 불교 특유의 고어체도 21세기 현대 한국어로 바꾸려고 고심했다. 여기에는 십수 년 간의 불교철학 강의 경험도 보탬이 되었다. 물론 '노력했다'는 것이 면죄부가 될 수는 없다.

십이지연기에 대한 해석도 사람마다 달라서 내 독법을 밝힐 필요가 있다.

십이지연기의 12개 고리(環, link)는 무명에서 시작해서 노사로 끝난다. 전체적 맥락은 "사람은 왜, 어떤 조건에 의해서 태어나서 살다가 죽고, 필연적으로 다시 태어날 수밖에 없는가"를 시간적, 논리적 인과관계로 설명한 것이다.

흥미롭지 않은가?

십이지연기를 통찰하는 중에 붓다는 삶을 고통스럽게 하고 급기야 윤회하지 않을 수 없게 만드는 '원흉'을 찾아내고, 그것을 제압 혹은 제거함으로써 영원한 평화를 얻었다.

다음에 소개하는 것은 내게 가장 합리적으로 보이는 십이지연기에 대한 해석이다. 미리 전 과정을 소개하면, 무명無明－행行－식識－명색名色－육입六入－촉觸－수受－애愛－취取－유有－생生－노사老死이다. 다소 과도한 주문일 수도 있는데, 불교 공부에 뜻을 둔 사람이라면 다른 것은 몰라도(?) 12개의 개념과 상호 인과관계는 숙지할 필요가 있다. 내가 볼 때는 불교 이론과 수행에 모두 중요한 지식이다.

무명(無明, avidyā)

첫 번째 단추가 '지혜[明]가 없음[無]'이다.

중생의 괴로움[苦]은 나와 세계의 있는 그대로의 진실을 모르기 때문에 생겨난다. 즉 착각에 기인하는 것이다. 그러면 존재의 실상은 무엇인가? 그것은 연기와 空의 진실이다.

행(行, saṁskāra)

행行은 불교개념 중에서 가장 다의적이고 난해한 개념인데 여기서는 십이지연기의 한 고리로만 고찰하겠다.

무명으로부터 행이 연기한다. 연기한다는 것은 어떤 것을 조건으로 해서 다른 것이 생겨난다는 의미이다. 여기서는 '무명을 조건으로 행이 일어난다'는 의미이다.

자기 스스로 만든 업력에 속박된 무지의 상태에서 우리는 '마음을 일으켜서' 세상을 '만들어낸다'. 이것은 비유적 표현이 아니다.

우리는 각자 자기 세계의 창조자이고 결정권자이다. 나쁜 놈, 좋은 놈이라고 분별하는 마음, 예쁜 것, 미운 것이라고 차별하는 마음, 바퀴벌레를 징그러워하는 마음 등 우리는 대상에 대하여 어떤 마음을 일으키고 그렇게 일으켜진 마음은 다시 확대 재생산된다. 이것이 업이 형성되고 확장되는 순환 과정이다.

순환적이라는 것은 한번 일으킨[現行] 마음은, 마치 나무에 생긴 생채기가 사라지지 않듯이 소멸되지 않고 무의식(제8아뢰야식 ālaya vijñāna)에 씨앗[種子]으로 저장(이것은 비유적 표현이다)되었다가 조건이 갖춰지면 다시 표면화되면서[現行] 강화된다. 이것이 업이 순환하면서 증장하는 메커니즘이다. 그러니까 여기서 행은 업(의 형성과 발달)과 유사한 개념으로 일단 이해하면 된다.

무명이 없다면 행은 없다. 다시 말해서 실상[空]을 보는 지혜[明]가 생기면 사물의 연기적이고 空한 실상을 알기 때문에 마음[業識]을 일으키지 않는다. 즉 행이 일어나지 않는다.

살아 있는 한에는 행이 완전히 소멸하는 것은 아니기 때문에 '행이 순화된다'거나 '행이 가라앉는다'고 표현하는 것이 더 적절할 것이다.

여기서 한 가지 지적해둘 것은 십이지연기의 열두 과정을 반드시 단선적으로 이해할 필요가 없다는 것이다. 즉 열두 개의 요소들은 상호작용을 하는 측면도 있다. 중생의 마음은 그만큼 복잡하게 흘러간다.

예컨대 삼유타 니까야(Saṃyutta Nikāya)에는 이런 구절이 있다. "무명으로 인해 감각[受]에 대한 애착[愛]이 일어나고, 이로 인해 행이 일어난다." 따라서 무명에서 행이 직접적으로 일어난다기보다는 무명이 행을 포함한 모든 번뇌의 근원이며, 그런 의미에서 시간적 원인이기도 하지만 논리적 원인도 되는 것이다.

식(識, vijñāna)

무명에 의해 구성된 성향, 혹은 습성[行]은 의식의 흐름[識]에 '자리잡는다'.

우리의 의식은 간단 없이 흘러간다. 여기서 간단 없다는 말은 단절이 없다는 의미가 아니다. 폭포나 소나기와 같이 단절된 채로 연속해서 흘러가는 것이다. 폭포와 다른 점은 순간의 의식은 연기적으로 생겼다가 소멸하고 다시 유사한[同類] 의식이 생겼다가 소멸한다. 앞의 요소와 뒤의 요소가 유사하므로 동일한 요소가 이어지는 듯이 보일 뿐이다.

우리가 형성한 성향[行]은 '생선을 엮은 새끼줄에 비린내가 배듯이', '향을 싼 종이에 향기가 배듯이' 의식의 흐름에 '실려 간다'. 다른 말로 업은 의식에 '묻어' 있으며, 의식의 흐름에 '타고' 있다.

내가 수용한 전통적인 해석[三世兩重因果論]에 따르면, 여기까지를 전생의 과정(의 축약)으로 해석한다. 그러나 앞서 말했듯이, 십이지연기를 시간적 과정으로만 볼 것은 아니다. 즉 중생이 살아 있는 한 그 저변에는 무명과 행이 실린 식이 늘 흘러가고 있는 것이다.

명색(名色, nāma-rūpam)

식에 의해서 명색名色이 연기한다.

명색은 명(정신적 요소)과 색(육체적 요소)의 결합체를 의미한다. 이것은 우리가 어머니 뱃속에서 개체가 형성되는 순간을 가리킨다. 정자가 난자에 수정되면 그때부터 생명이 시작된다고 보지만 불교에서는 이러한 물질적 요소만으로는 인격적 개체가 형성될 수 없다고 본다. 반드시 정신적 요소인 의식이 참여해야 하는 것이다. 의식이 참여하지 않거나 도중에 떨어져 나가면 사산아死產

兒가 된다.

그러면 이 의식은 어디에서 온 것인가?

전생의 의식체가 들어온 것이다. 좀더 정확히 말하면, 전생의 죽음 후에 중음계中陰界를 떠돌던 의식체이다. 중음계에서도 의식만 단독으로 존재하는 것이 아니라, 임시적인 몸, 즉 중음신中陰身에 기탁해 있다가 인연 있는 중생이 사랑을 나눌 때 애욕을 일으켜 자궁으로 들어가는 것이다. 조용히 회상해보면 당시의 기억이 날지도 모른다.

사람은 부계와 모계 조상의 DNA를 물려받는 것은 사실이지만 그것이 전부가 아니고 다른 존재의 의식(혹은 영혼이라고 하는)과의 합일인 것이다. 그러니까 자기 자식의 절반은 생판 남[他人]인 셈이다.

육입(六入, ṣaḍ-āyatanāṁ)

명색에 의해 육입六入이 연기한다. 거두절미하면 어머니 뱃속의 정신-육체 통합체가 꼬물꼬물 자라면서 줄기세포가 여섯 개의 감각기관으로 성장한다. 눈, 귀, 코, 혀, 몸, 마음(정신활동의 근거를 가리킨다)인데 육근(六根, 여섯 감각기관)과 비슷하다고 보면 된다(약간 다르다고 주장하는 분도 있다).

촉(觸, sparśa)

지금까지 여러 번 등장했다.

앞서 형성된 여섯 개의 문[六根]이 여섯 가지의 대상[六境]을 만날 때 여섯 가지의 의식[六識]이 일어나서('일어난다'고 표현한 까닭은 양손이 부딪힐 때 소리가 나듯이 육근과 육경이 부딪힐 때 육식이 생기기 때문이다) 인식이 성립되는데, 이 세 그룹이 모이는 것[三事和合]이 촉觸이다.

수(受, vedanā)

여기서부터 중요하다. 도적이 서서히 마각을 드러내려 한다.

촉에 의해 인식이 성립되면서 대상에 대한 느낌[受]이 일어난다. 느낌에는 즐겁거나[樂受], 괴롭거나[苦受], 즐겁지도 괴롭지도 않은[不苦不樂受, 혹은 捨受] 세 가지가 있다.

앞서 오온을 설명할 때 어느 정도 자세하게 다루었기 때문에 반복하지 않는다.

애(愛, tṛṣṇā)

애착, 집착, 타는 갈증을 가리킨다.

바로 이 애愛와 다음에 오는 취取가 큰 도적이다. 앞서 느낌[受] 자체만으로는 번뇌가 일어나지 않을 수도 있다. 그런데 무명의 사주를 받은 행(앞부분 참조)에 의해 좋은 느낌에는 탐욕이 일어나고 괴로운 느낌에는 싫고 미운 마음이 일어난다. 이것이 애착심[愛]이다.

만약 무상과 무아와 空을 깨친 사람이라면 어떤 느낌에서도 애착이 일어나지 않는다. 맛있는 음식을 먹어도 그것을 향유할 뿐 애착하지는 않고 예쁜 사람을 예쁘게 보아도 애착하지는 않는다.

취(取, upādānam)

아이가 자란 것이 어른이다. 취取는 '움켜쥔다'는 뜻이므로 애愛가 자란 것이다(애와 취를 같은 범주로 이해해도 무방하다). 대상에 대한 애착이 생기면서 그것을 취하고, 붙잡고, 향유하려는 강한 마음이 일어나는데 그것이 취다.

유有

유有는 산스크리트어 bhava의 한역으로서 존재(existence), 혹은 되어 감(becoming)으로 번역된다.

애와 취를 가진 개체는 중생으로서의 존재가 완성되는 동시에 다음 생을 예약한 후보자(candidate)가 된다. 어째서 그런가? 애와 취를 가진 존재는 애욕의 불길에 이끌릴 수밖에 없기 때문에 죽은 후 중음계를 거쳐 반드시 다음 생에 태어나지 않을 수 없는 것이다. 그래서 옛사람들은 애욕이 내세에 다시 태어나게 만드는 원동력이라고 했다.

12개의 고리 가운데 여기까지가 현생現生에서 사람이 겪는 정신적, 육체적 과정이다.

생(生, jāti)

그래서 죽은 후에 다음 생이 또 시작된다. 여기서부터 미래의 생으로 구분한다.

노사(老死, jarā-maraṇa)

태어난 중생은 결국 늙어 죽는다. 전생도 그렇지만 미래생도 현생의 과정에 준하기 때문에 간단히 "태어나, 늙어, 죽는다"는 것으로 끝맺는다.

〈반야심경〉으로 돌아가자.

"무명無明이 없고, 또 무명無明이 끝나는 것도 없다, 행行이 없고 행行이 끝나는 것도 없다, 식識이…… 노사老死도 없고, 노사老死가 끝나는 것도 없다……."

내 몸과 마음이 空할 뿐만 아니라 온 세상이 空하다. 즉 일체가 空하다. 좋은 것만 空한 것이 아니라 나쁜 것, 예컨대 괴로움도 空하고 번뇌조차도 空하다. 내 몸과 내 마음같이 내가 아껴 마지않는 것이 空한 줄을 모르면 애착과 집착이 일어나서 생사윤회의 괴로움이 끝이 없다. 또한 괴로움이 空하고 번뇌조차 空하다는 것을 보지 못하면 끝내 그 괴로움과 번뇌로부터 벗어날 길이 없다.

그러면 무명과 행, 식 …… 노사는 空하지 않은가? 그 역시 空하다. 연기적으로 일어나는 것이기 때문이다.

그런데 무명 …… 노사가 없는 데서 끝나는 것이 아니라 무명이 끝나는 것도 없다고 한다. 여기서 다시 중도가 나온다. 무명 …… 노사의 모든 과정이 空하지만, 空한 그대로 무명 …… 노사이다.

여기서 또 의문이 생긴다.

십이지연기의 모든 과정이 연기적으로 일어나는 것은 분명하다. 앞의 조건이 없으면 뒤의 결과는 일어날 수가 없다. 그렇다면 그 모든 과정의 시초인 무명은 어디에서 연기하는 것인가? 이 물음은 다음 물음과 유사하다. "하나님이 세상을 만들었다면 하나님은 누가 만들었나?" 혹은, "최초 앞은 몇 시이고 무한 밖에는 무엇이 있나?"

〈대승기신론〉에서는 "홀연히 무명의 허망한 바람[無明妄風]이 불어와서" 그렇게 되었노라고 한다. 무명은 아무 원인 없이 그저 '홀연히' 생겨난 것인가? 언젠가 〈능엄경〉을 읽다가 그와 비슷한 대목을 만났는데 내가 이해한 대로 말하면, "착각에는 이유가 없다"는 것이다. 무명에도 이유가 없다.

늘 얘기하듯이 중생의 제한된 인식으로는 '무한'과 '영원'과 '시초'를 사유할 수 없고 논의할 수 없다. 그것은 중생이 생각으로 알 수 있는 영역이 아니다. 숭산 스님의 방식으로 말하자면 '오직 모를 뿐'이다.

우리가 '모른다'고 할 때 그 모름이 앎인지 모름인지 어떻게 알겠는가? 선어禪語 가운데 충격적으로 다가왔던 한 마디는 "도道는 아는 데 있지도 않고 모르는 데 있지도 않다"는 것이다!

無苦集滅道

무 고 집 멸 도

[직역] 고집멸도도 없고……

〈양의경良醫經〉이라는 짧은 경전에는 사성제四聖諦에 대한 설법이 있다. 양의良醫란 '좋은 의사'라는 말인데, 붓다는 스스로 중생의 병을 고치는 의사를 자처했다.

네 가지 법이 있으니, 그것을 성취하면 큰 의왕醫王으로 불린다. 어떤 것이 네 가지인가.

첫째는 병을 잘 아는 것이요, 둘째는 병의 근원을 잘 아는 것이요, 셋째는 병을 잘 알아 다스리는 것이요, 넷째는 병을 다스릴 줄 알고는 장차 다시 발생하지 않게 하는 것이다. [중략] 여래 역시 큰 의왕이 되어 네 가지 덕을 성취하여 중생들의 병을 고치는 것도 그와 같다. 어떤 것이 넷인가?

이것은 괴로움의 진리라고 분명하게 알고, 이것은 괴로움이 일어나는 원인에 대한 진리라고 분명하게 알며, 이것은 괴로움의 멸함의 진리라고 분명하게 알며, 이것은 괴로움의 멸함에 이르는 길의 진리라고 분명하게 아는 것이다.

고苦

불교는 괴로움[苦]의 인식에서 출발한다.

붓다가 깨달음을 얻고 나서 잠시 주저하다가 자신의 체험을 세상과 공유하기로 결심한 후 가장 먼저 착수한 일이 교설의 체계를 만들고 도식화하는 작업이었을 것이다.

구슬이 서 말이라도 꿰어야 보배다. 그 중에서도 사성제는 녹야원에서 처음 전한 '가르침의 원본'인 동시에 아마도 열반에 이를 때까지 가장 많이 강조한 내용일 것이다.

불교는 펼치면 팔만사천의 법문을 일컫지만 거두면 고집멸도로 귀결된다. 45년에 걸친 붓다의 가르침은 결국 사성제의 주석에 불과하다. 이렇게 중요한 사성제는 '고苦라는 진리'를 중심으로 짜여 있다. 사성제의 본래 명칭을 보면 자명해진다.

고성제苦聖諦 : 괴로움이 있다는 성인의 진리

고집성제苦集聖諦 : 괴로움은 인연이 모여 생기한다(集起한다) - 즉 원인이 있다-는 성인의 진리

고멸성제苦滅聖諦 : 괴로움은 그 원인을 제거함으로써 소멸시킬 수 있다(소멸된 상태가 있다)는 성인의 진리

고멸도성제苦滅道聖諦 : 괴로움의 소멸에 이르는 길에 대한 성인의 진리

고는 불교적 세계 인식(이 곧 인간 인식이다)의 출발점이기 때문에 고를 잘 이해하지 못하면 불교에 입문할 수가 없다. 앞서 〈양의경〉에서 보았듯이 자기가 병[苦]에 걸렸다는 것을 자각하지

못하면 의사를 찾지도 않을 것이고, 병을 치료할 수도 없는 것과 같다.

나는 예전에 불교 강의를 시작할 때 "자기 인생에 아무 문제가 없고, 인생이 행복하기만 한 사람은 이 수업을 들을 필요가 없다"는 말을 먼저 했다. 학생들은 농담으로 듣겠지만, 사실상 병이 없으면 약이 필요 없는 것이다. 정신이상자의 치료에서 가장 힘든 점은 환자가 스스로 병을 인정하지 않는 것이다.

"인생은 괴로운 것이다"라는 전제는 많은 사람들에게 불쾌감을 주는 것이 사실이다. '단 한 번뿐인' 인생을 '행복하게' 살고 싶다는 사람에게 초酢를 친다고 생각하는 것이다. 그러나 적당량의 훌륭한 초는 입맛을 돋우고 건강에도 좋다.

세상의 어떤 염세론자도 붓다만큼 고의 근본 원인을 깊고 멀리 분석한 사람은 없다. 불교는 우리의 무의식에 묻어 있는 고의 잠재력(제8알라야식의 미세 망상)을 문제 삼고, 망상에 사로잡혀 스스로 자초하는 끝없는 생사윤회를 이야기한다.

정상적인 사람이라면 불똥이 발등에 떨어지면 누가 가르치지 않아도 그것을 털어내겠지만 자각 증세가 없는 잠재적 고통은 알아채기가 어렵고, 설사 안다고 해도 업의 힘에 이끌려(즉 충동을 제어하지 못하고), 괴로움의 원인을 또다시 심게 된다. 이때 심어진

고의 씨앗은 언젠가는 반드시 발아한다. 그 이치를 알든 모르든 그 메커니즘은 어김없이 작동한다.

꿩은 사냥꾼에 쫓기다가 다급하면 덤불 속에 머리만 처박는다고 하지만 자기가 보지 못한다고 사냥꾼이 보지 못하는 것은 아니다.

요컨대 붓다가 본 세상은 '괴로움의 바다[苦海]'다. 이 말은 많은 사람들이 생각하듯이 전적으로 부정적인 언명은 아니다. 즉, 괴로운 세상이니까 살 가치가 없고, 따라서 빨리 죽는 게 낫다는 말이 아니다. 괴로움을 이야기하는 것은 괴로움을 일으키는 원인과 조건을 알자는 것이고[苦集聖諦], 궁극적으로는 괴로움을 벗어나는 길을 알려주기 위한 것이다[苦滅道聖諦]. 이때 고성제는 희망의 메시지가 된다.

집集

세상의 모든 것이 그렇지만 고도 여러 원인과 조건이 상호 의존해서 연기된 것이다. 그것이 고집성제苦集聖諦이다. 연기되었다는 것은 원인이나 조건과 상관없이 그것 자체로(실체적으로, 참으로) 존재하는 것이 아니라는 말이다. 그 이치를 분명히 알지 못하면(이해해도 충분히 통찰하지 못한다면) 우리는 그것을 고착화하고 실체화한다.

누구에게도 '객관적으로 존재하는 고'는 없다. 고도 주관적으로 구성하는 것이다. 이것은 어려운 이야기가 아니다. '세상이 마음먹기 달렸다는 것', 또 어떤 고난이나 축복이든 '이 또한 지나가리라'는 것을 모르는 사람은 없다.

그러나 내 마음을 내 마음대로 쓰지 못해서 마음은 지나가는 것들에 머물고, 순간순간 일어나는 상황에 집착한다.

멸滅

만약 집착하지 않는다면?

자유롭고, 평화롭다.

즉 집착하면서 끌려다닐 때의 부자유와 괴로움이 없다. '시원하고', '번뇌가 사라지고', '행복하고', '괴로움이 없어진다'는 것이 열반, 즉 고멸성제苦滅聖諦의 의미이다.

끊임없이 갈증을 유발하고 확대, 재생산하는 중생의 쾌락은 (그것으로부터 벗어난 붓다의 눈에는) 괴로움의 다른 모습에 불과하다. 오욕五慾의 즐거움에 이끌리는 사람들에게 열반과 해탈은 딴 세상 소식이고, 세상의 물건에 집착하는 사람에게 空의 진리는 무용지물이다. 설사 그 진리를 받아들인다고 해도 확신이 없으면 허무에 떨어질까 두려워한다. '나'라는 생각에 사로잡혀 있기 때문이다.

중생의 마음이 죽어야 부처의 마음이 살아나고, '내[小我]'가 죽어야 진짜 나[大我]를 살 수 있다.

도道

고멸도성제는 간단히 말하면 도성제인데 소위 팔정도八正道를 가리킨다. 이것은 세속이 추구하는 쾌락의 길도 아니요, 세속을 버린 고행의 길도 아닌 중도로서 '바른[正] 삶의 길[道]'이다. 쾌락의 한계는 붓다가 카필라 성의 태자로서 충분히 확인했고, 고행 또한 해탈의 길이 아니라는 것을 몸소 경험을 통해 체득했다.

팔정도는 남방불교 전통에서는 삼학(三學 : 戒律, 智慧, 禪定)으로 분류하는데 여기서는 상론하지 않는다. 실천학에 속하는 수행의 길에 대해서는 1부('空을 보는 법[空觀]')의 간단한 언급으로 대신하려 한다.

성제聖諦

'사성제'의 '성제聖諦'를 '성스러운 진리'라고 흔히 번역하는데, '성자만이 아는 진리'로 읽는 것이 옳다고 본다. 즉 붓다가 말한 네 가지 진리는 성자가 아니고서는 완전하게 알 수가 없다는 말이다. 중생은 세상이 고라는 것을 분명하게 알지 못하고 나머지 집集-멸滅-도道의 가르침도 완전하게 이해할 수 없다.

만약 사성제를 정확하게 이해하게 되면 그것만으로 삶에 총체직이고 전격적인 변화가 일어날 것이다.

다시 '무고집멸도無苦集滅道'로 돌아가자.

고집멸도가 없다!

불교는 사성제다. 따라서 고집멸도가 없다는 것은 불교도 없다는 말이다. 이것은 불교의 자기 부정인가?

최고의 진리[眞諦]인 空의 차원에서는 팔만대장경八萬大藏經조차도 언어적 차원의 진리[世諦]에 불과하다는 말이다. 여기서 무엇이 부정되고 무엇이 긍정되는가?

괴로움도 空하고, 집착도 空하고, 열반도 空하고, 수행도 空하다.

붓다는 "백만 대군을 대적하는 장수보다도 자기 자신을 이기는 사람이야말로 참으로 강한 자"라는 말을 했는데, 모든 공부는 여기에서 시작된다. 공자의 극기복례克己復禮도 정진하는 자세라고 할 수 있는데 초기 불교의 중요한 덕목 중에 하나는 정진精進, 즉 노력이다. 붓다는 정진에 대해 이렇게 설명한다.

"이미 생겨난 악惡은 없애고, 아직 생겨나지 않은 악은 생겨나지 않도록 애쓰며, 이미 생겨난 선善은 잃지 않도록 하고, 아직 생겨나지 않은 선은 생겨나도록 노력한다"는 것이다. 이것은 모든 성현들이 칭찬하는 훌륭한 태도임에 틀림없다.

그러나 空사상은 완전히 다른 관점에서 문제를 접근한다. 선과 악의 구분 자체가 '선한 것'과 '악한 것'이 분명히(실체적으로) 존재한다는 것을 전제하고 있지만, 최고의 진리의 눈으로 보면 선도 空하고 악도 空하다. 선악의 공성空性을 분명히 자각한다면 무엇을 억누르고, 무엇을 북돋을 것인가?

고집멸도가 없다는 말은 고와 낙이 없고, 윤회와 열반이 없다는 말이다. 이른바 '둘이 아님'[不二]이다. 불이不二란 대승불교의 핵심 논리 중 하나이다. 번뇌를 극복해서 깨달음을 얻고 그래서 생사윤회로부터 해탈하는 것이 붓다의 가르침인데, 서로 대립되는 두 항이 같다[不二]고 하는 것은 불교를 부정하는 게 아닌가? 그러나 불이 또한 空사상으로 접근하면 지극히 당연한 말이 된다.

왜 불이인가?

고와 낙이 空하고, 번뇌도 실체가 없이 空하고, 깨달음 역시 空하다. 空도 空하다. 중생으로서의 삶도 空하고 윤회를 벗어난 해탈지견解脫知見도 空하다.

한마디로 空하다는 측면에서 다르지 않은[不二] 것이다. 서로 다른 듯이 보이는 세상의 모든 현상이 空하다는 측면에서는 같고[不二], 큰 하나[大一]다. 최상의 진리[第一義諦]인 空의 진실로 볼 때 그렇다는 것이다.

중생이 자기 몸이나 관념, 사물을 인식하는 것은 이름[名]과 형상[相]을 통해서이다(상相은 중생이 허망하게 분별해서 인식한 대상이라고 정의한 바 있다). 이름과 형상은 생각(즉 業識)에 비친 것이다. 생각이 끊어진 곳에서는 본래 '있다'고 할 것이 없다[本來無一物].

의상(義湘, 625~702) 대사의 〈법성게〉 첫머리를 다시 보자.

法性圓融無二相(법성원융무이상)
법法(사물, 마음에 비친 대상)의 성품은 둘이 아니고[不二]
諸法不動本來寂(제법부동본래적)
모든 사물은 움직이지 않고 본래 고요한 것
無名無相絶一切(무명무상절일체)
이름도 없고 형상도 없어 모든 인식의 가능성이 끊어졌으니
證智所知非餘境(증지소지비여경)
깨달은 지혜로나 알 수 있을 뿐, 달리 알 길은 없네.

다음 구가 "진성심심극미묘眞性甚深極微妙, 불수자성수연성不

守自性隨緣成"인데 이 여섯 행이 〈법성게〉의 총론이라 할 수 있다. 여기서는 법성法性을 한 단어로 보아 불성佛性, 혹은 진여眞如와 같은 의미로 해석했는데, 간혹 법法과 성품[性], 두 단어로 볼 수도 있으나 의미에는 큰 차이가 없다.

첫 행에서는 세계가 空한 측면에서는 평등하고 다르지 않다[不二]는 말로 이해할 수 있고, 제2행은 空의 체험이 없는 보통 사람의 상식으로는 도저히 이해할 수가 없다는 말이다.

그 얘기를 좀 해보자.

승조(僧肇, 384~414)는 중앙아시아의 승려인 구마라즙(鳩摩羅什, 344~413)의 제자로서 아마도 중국인으로서는 거의 최초로 空을 제대로 이해한 인물로 알려져 있다. 황제의 노여움을 사서 31살에 죽었다고 하는데 죽기 전에 일주일인가 말미를 얻어서 쓴 논문 네 개가 전한다.

그 중의 하나가 〈물불천론物不遷論〉으로 제목을 풀면 '사물[物]의 변화가 없다[不遷]는 논문[論]'이다. 매우 짧은 글인데, 명나라의 고승 감산 대사가 그 글에 주석을 달았다.

그런데 그때만 해도 감산은 승조가 묘사한 경지를 경험해보지 못한 상태라서 해석을 하면서도 개운치 않았다. 불교 공부를 많이 한 분이라서 이치로 푸는 것은 얼마든지 유식하고 유장하게 풀어낼 수 있었지만, 이렇게 변화무쌍한 세상에 대해 "변화가 없다"고 한 말이 도무지 마음에 와닿지는 않았다. 그러니 더 공부를 열심히 할 수밖에 없어서 묘봉산에 가서 혼자 열심히 참선을 했다.

그러던 중 문득 마음을(=연기를, =空을, =불성을) 깨치고 나니 바람이 불어서 낙엽이 흩날려도 '움직임이 없었고' 오줌을 눠도 오줌줄기가 '떨어지지 않더라'는 것이다. 이것은 감산 대사가 쓴 자서전에 나오는 이야기이다.

여기서 주의해야 할 것은 '움직임이 없다'는 것은 空의 깨달음 속에서 볼 때, 즉 진제(眞諦 : 초월적 진리)의 차원에서 그렇다는 것이고, 바람 불고 비 내리는 변화의 세계[世諦]가 부정되는 것은 아니다. 불변과 변화를 동시에 버리고 동시에 포용하는 것이 중도다.

그렇다면 "오줌줄기가 떨어지지 않는데[空] 그래도 떨어지더라[有]"고 말해야 할 것이다. 감산의 기록은 空에 치우친 것이다. 空[不變]을 깨닫는 순간 하도 신기해서 그렇게 적었을 것이다.

이 이야기를 옮기는 나도 개운치 않다. 이치는 이해하되 체험이 없는 탓이다.

개운치 않은 채로 한 마디 더 해보자. 사물은 마음이 현출해낸 환상이요, 꿈이요, 망상이라는 것은 이미 이야기했다. 그것이 이미 꿈 같은 것이라면 (꿈속에서일망정) 움직임이 없지는 않으나 실제로 움직인 것은 아니다.

비유하자면 영사기를 돌려서 스크린 위에 온갖 만화경이 펼쳐져서 사람들이 울고 웃고 공포에 떨지만 스크린은 본래 고요하다.

이야기가 조금 빗나갔는데 정작 말하려고 한 것은 다음 두 줄이다.

> 無名無相絶一切(무명무상절일체)
>
> 이름도 없고 형상도 없어 모든 인식의 가능성이 끊어졌으니
>
> 證智所知非餘境(증지소지비여경)
>
> 깨달은 지혜로나 알 수 있을 뿐, 달리 알 길은 없네.

사람은 이름과 형상으로 사물을 인식하는데 그것이 마음에서 사라지면 그 대상은 대체 어떤 대상인가?

앞에서 '사물의 움직임이 없음'이 언어유희가 아니라 空의 체험임을 밝혔다. 이름과 형상에 얽매이지 않을 때 다른 말로, 생각이 끊어졌을 때의 인식과 경험은 말 그대로 '空을 깨친 경지가

아니면' 입을 댈 수 없는 것이다. 그리고 이것이 空을 논하는 글의 한계다.

無智亦無得

무 지 역 무 득

[직역] 지혜도 없고, 얻는 것도 없다.

지식이나 지혜는 무엇에 '대한' 지식이고, 지혜다. 즉 모든 지식과 지혜는 대상을 갖는다.

불교에서 지혜란 '空의 진리를 통찰하는 지혜'이다. 그러므로 '지혜가 없다'는 것은 空의 진리를 아는 것은 지혜가 아니라는 말이거나 空을 아는 지혜 따위는 없다는 뜻이다. 그리고 "얻는 것도 없다"는 것은 "깨달음을 얻는 일이 없다"는 말이다.

그러니까 지혜[智]와 얻음[得]을 하나로 묶어서 다시 풀면, "空의 지혜를 통해 깨달음을 얻는 일은 없다"는 것이다. '바른 견해[正見]'를 가장 중시하는 지혜의 종교, 깨달음의 종교가 왜 이런 말을 할까?

〈법화경〉에 '돌아온 탕아'의 비유가 있다.

성경에도 비슷한 에피소드가 있는 것으로 아는데 스토리는 대략 이렇다.

인도의 한 장자(요즘으로 치면 큰 부자)가 어린 자식을 잃어버리고 백방으로 수소문했으나 결국 찾지를 못했다. 그로부터 수십 년이 흐른 후에 그 부잣집 문전에 어떤 거지가 밥을 빌러 왔다. 장자가 눈여겨보니 그 거지는 옛날에 잃어버린 자식이었다. 장자는 그 거지를 고용해서 처음에는 허드렛일을 시키다가 차츰 일을 가르쳐서 나중에는 자신의 재산을 관리할 정도가 되었다.

그때서야 장자는 거지의 때가 완전히 벗겨진 아들에게 말했다. "너는 내 자식이다"고. 처음부터 사실을 밝혔다면 거지가 그 말을 믿지 않거나 믿는다 하더라도 기껏 거지 때를 벗지 못한 졸부가 되었을지도 모를 일이었다.

〈반야심경〉 역시 마찬가지이다.

처음부터 "空을 아는 지혜도 없고, 깨달음을 얻는 일도 없다"고 말하면 십중팔구 그 말을 믿지 않는다(믿지 않으면 반드시 제멋대로 억측을 한다).

그렇기 때문에 지금까지 空에 대해서 이런저런 얘기를 늘어놓은 것이다. 그런데 이제는 사실대로 말할 때가 되었다. 그것은 장자가 거지를 길들여서 자기의 말을 받아들일 준비가 된 후에야 진실을 밝힌 것과 같다.

조상님들의 지혜가 담겨 있는 말씀 가운데 "등잔 밑이 어둡다" 든가 "업은 아이 삼 년 찾기"라는 위대한 속담이 있다. 아이를 업고 그 업은 아이를 삼 년씩이나 찾던 아지매가 삼 년 만에 무심코 뒤를 돌아보고 그 아이를 '찾게' 되었다고 치자.

그 아지매는 어떤 고차원의 '지혜[智]'를 동원해서 잃어버렸던 아이를 비로소 '찾게[得]' 되었는가? '본래' 등에 업혀 있던 것인데 잊었거나 착각했을 뿐이다. 업은 아이를 찾는 데 무슨 지혜가 필요하겠으며, '찾았다'고 하지만 어찌 없던 아이, 잃었던 아이를 다시 찾은 것이겠는가?

이것이 "지혜도 없고 얻는 것도 없다"는 말이 뜻하는 것이다.

기왕 시작한 김에 에피소드를 하나 더 들어보자.

두 상인이 동업을 해서 돈을 많이 벌었다. 어느 날 동업자 중 하나가 급히 재산을 정리하고 외국에 나갈 일이 생겼는데 마침 동료가 술에 취해 자고 있었다. 고심 끝에 처분한 재산의 반을 보석으로 바꾸어 자고 있는 동료의 옷소매 속에 넣고 꿰매놓았다 (우화는 우화일 뿐 심각하게 따지지 말자).

술에서 깬 동료는 자기 옷소매 속에 다이아몬드가 꿰매 있는 줄도 모르고 졸지에 노숙자 신세가 되고 말았다(술이 화근이다). 거지 아닌 거지로 갖은 고생을 하다가 수 년 후에 귀국한 동업자를 만나 비로소 전말을 알게 되었다는 이야기이다.

자기가 실제로 보석을 가지고 있으면서도 그것을 모르고 산 세월 동안 이 노숙자는 과연 거지였을까, 부자였을까? 이 노숙자가 동업자로부터 사실을 듣고 자기가 부자라는 것을 아는 데 어떤 지혜가 필요할까? 과연 이 사람은 없던 보석을 '얻게' 된 것일까?

"지혜도 필요 없고, 얻는 것도 없다"는 것이 답이다.

그렇다. 우리는 모두 값을 따질 수 없는 보배[無價寶], 생겨나지도 않고 소멸하지도 않는 보배를 지니고 있으며, 이름도 없고 모양도 없는 보배를 늘 부족함 없이 쓰고 있다. 그것을 맥락과 관점에 따라 부처의 성품[佛性]이라 하고, 진여眞如라고 하고, 깨달음[覺]이라고 하고, 한 물건[一物]이라 하고, 밑바닥 없는 그릇[無底鉢]이라 하고, 한마음[一心]이라 하고, 무심無心이라 하고, 空이라 하고, 주인공主人公이라 하고, …… 여래장如來藏이라고 한다.

아무리 아름다워도 이 모든 것은 이름이요, 달을 가리키는 손가락에 불과하다. 그러면 달은 어떠한가? 한 생각도 일으키지 않는 곳이요, 따라서 생각이 끊어진 자리며, 생각에 물들지 않는 자리다. 그러니 말로 표현해도 서른 대를 맞을 것이요, 말을 하지 않아도 서른 대를 맞는다. 어찌할 것인가!

현재 우리나라 불교 전통의 주류가 선불교라서 무심결에 선어禪語 흉내가 나왔는데, 다시 '교학으로' 돌아가자.

(空中) 無智亦無得(무지역무득)……

〈반야심경〉의 본문을 보면, 앞에 나온 '공중空中'이 '무지역무득無智亦無得'까지 공통으로 걸린다. 다시 말해서 지혜가 없고 얻음이 없는 것은 空의 진실이 드러났을 때라는 말이다. 즉 중생의 생각[迷妄] 속에서 진리가 없고 얻음이 없다는 것이 아니라 궁극적 진실[空]을 깨친 눈으로 볼 때 그렇다는 말이다. 어째서 그런가?

형식 논리학에서 "A는 A가 아니다"라고 말하면 모순율을 범하는 것이다. 지智와 무지無智는 양립할 수 없는데, 버젓이 같은 가르침 안에 공존하는 것은 1부('진리의 두 가지 차원')에서 강조한 이제二諦의 원리 때문이다.

다시 말해서 앞의 지는 언어적 표현[世諦]이고 무지는 그 지조차도 空하다는 것을 통찰했을 때 드러나는 진실[眞諦]이다. 물론 무지라는 말조차도 할 수 없다. 행여 '무지'라는 언명을 세제 차원에서 이해해서 '지혜는 본래 없는 것'이라고 오해할 수도 있기 때문이다.

그래서 유마維磨 거사가 불이不二에 대한 질문을 받았을 때 침묵한 것을 두고 '우뢰와 같다'고 한 것이다. 진제 차원에서 '지혜가 없다"고 말했는데 완전한 지혜의 부정으로 받아들일 수도 있고, 속제 차원에서 "지혜가 있다"는 말을 듣고 지혜가 실체적으로 존재하는 것으로 오해할 수도 있기 때문에 침묵한 것이다.

달레마는 소통을 위해 진제조차도 언어문자[세제의 수단]로 나타낼 수밖에 없다는 것인데 대부분 이 대목에서 번지수를 헷갈리는 것이다. 그러므로 불교를 읽을 때는 반드시 세제의 언어인가 진제의 언어인가 먼저 구분해야 한다.

흔히 깨달음을 등산에 비유한다. 계곡을 오르든 석벽을 타든 조건과 근기에 따라 정상(깨달음)에 오르는 길이 다양하다는 것이다. 그러나 이 비유는 부정확하다. 깨달음이란 산의 정상이 아니라 산 자체이다. 우리는 모두 깨달음을 딛고 서 있는 것이다. 어떤 의미에서 이미 깨달아 있다. 다만 그것을 모르고 있을 뿐이다. 아니면 깨달음이라는 태양이 미망이라는 구름에 잠시 가려져 있을 뿐이다. 혹은 눈병이 나서 허공에 어른거리는 환영을 보고 있는 것이다.

그러므로 깨달음은 수행의 결과가 아니다. 그것은 눈에 감지되는 대상이 시각視覺의 결과가 아닌 것과 같다. 그러면 수행은 어디에 쓰는 물건인가? '궁극적인 의미'에서 수행은 쓸모가 없다. 착각을 착각으로 아는 데 무슨 수행이 필요하겠으며 꿈에서 깨어나기 위해 무슨 수행을 할 것인가마는 그래도 나는 수행을 한다.

왜냐? 눈곱이 덕지덕지 붙어서 눈이 떠지지 않기 때문에 눈곱을 떼는 것이다. 수행을 차곡차곡 쌓아서 열반을 성취하는 것이 아니다. 눈곱을 떼는 것이 수행이라면 수행이다.

지눌 스님은 "오직 허망한 인연만 떠나면 곧 있는 그대로 부처[但離妄緣 卽如如佛]"라고 했다. 자기가 보고 듣는 것이나 자기 생각에 속지만 않으면 바로 부처라는 말이다. 그러니 "구름이 사라지고 비가 생겨난다……"고 속지 말고, "구름이 사라졌기 때문에 해가 비춘다"고도 말하지 말고, 변치 않고 독립 자존하는 "내가 있다"고 속지 말 것이며, "마음 밖에 세상이 실체적으로 존재한다"고 속지 말아야 한다.

속지 말아야 한다!

서암(瑞巖, 850~910) 스님의 재미있는 공부법이 있다. 이 어른은 늘 (자기 자신 속에 있는) 주인공과 자문자답自問自答하며 챙긴다.

"이봐, 주인공!"

"예!"

"정신 똑바로 차려야 혀!"

"예!"

"그려…… 절대 속으면 안 돼야!"

"예!"

반야를 찬탄함

以無所得故

이 무 소 득 고

[직역] 얻는 것이 없기 때문에

"얻는 것이 없다"는 것은 앞에서 길게 말했듯이 모든 중생에게 지혜와 행복이 본래적으로 갖춰져 있다는 것이다.

그런데 '이무소득고以無所得故'가 아니고 '무불득고無不得故(얻지 않는 것이 없기 때문에)'가 맞다고 주장하는 분들이 있다. 그래야 말이 된다는 것이다. 참말로 얻는 바가 없다면 어떻게 보살이 반야바라밀다에 의지해서 마음에 걸림이 없고…… 열반에 이를 수 있겠느냐는 것이다.

뭐 그것도 틀린 말은 아니다. 중생에게 무언가 변화가 일어나야 부처가 되는 것이지, 중생 그대로 "아무것도 얻는 것이 없다면" 어찌 부처가 되겠는가?

그러나 나는 그렇지 않다고 생각한다.

여기서는 진여불성眞如佛性에 중점을 두고 "달리 얻을 것이 없고 중생 그대로 부처"라는 것을 강조하고 있는 것이다. "자기가 가지지 않았던 것을 얻는 것이 아니"라거나 "깨달음은 없던 것을 쟁취하는 것이 아니"라는 말은 물론 오해의 소지가 없지 않다. 노력이나 수행을 전면적으로 부정하는 것으로 들릴 수 있기 때문이다. 이렇게 오해의 소지가 있음에도 불구하고 그런 말을 하는 것은 (영어식으로 표현하자면) 아무리 강조해도 지나치지 않기 때문이다.

〈수심결〉의 다음 이야기를 음미해보자.

객승이 귀종歸宗 스님에게 물었다.

객승 : 어떤 사람이 부처(깨달은 사람)입니까?

귀종 : 내가 지금 말해도 자네는 믿지 않을 거야.

객승 : 스님의 진실한 말씀을 어찌 믿지 않겠습니까?

귀종 : 자네가 바로 부처라네.

객승 : 어떻게 보림(保任 : 깨달음을 보존)하면 되겠습니까?

귀종 : 티끌 하나가 눈에 들어가면 헛꽃이 어지러이 떨어지네(一翳在眼 空花亂墜).

객승이 그 말에 깨달았다.

귀종 스님은 '본래 깨달아 있음'을 말한 것이다. 그것은 선불교 전통에서는 새삼스러운 말이 아니고, 객승도 (반응으로 보아) 그런 말을 귀에 못이 박히게 들었겠지만 마음속에서는 종내 의문이 풀리지 않았을 것이다. 발심해서 출가한 이래 부처가 되려고 오랫동안 공부를 해왔지만 자신은 여전히 번뇌와 망상이 가득한 중생이라고 생각했기 때문이다.

그런데 귀종 스님이 짐짓 한번 빼고 나서("자네는 믿지 않을 거야") 믿겠다는 다짐을 받고 '진실'을 토로하자 객승은 그 말을 믿는다(혹은 믿어야겠다고 다짐한다).

그래도 여전히 자기가 부처라는 사실을 실감하지 못해서 간절한 마음으로 또 묻는다. "어떻게 하면 깨달음을 잃어버리지 않겠는가" 하고. 자기는 부처라는 것을 믿고 싶을 뿐이지, 진정으로 믿을 수는 없는 데도 '믿었다고 치고' 또 물어본 것이다. 그러자 귀종 스님은 진상을 밝힌다.

귀종 스님의 마지막 피니시 블로우(finish blow)를 길게 풀면 다음과 같다.

"눈에 티가 들어가면(혹은 눈병이 나면) 허공에 어른어른하는 게(空花 : 헛꽃) 보이잖아? 그건 본래 그렇게 있는 게 아니라 티(병) 때문에 그렇게 보일 뿐이지. 중생이란 것이 무명 때문에 의식 속에서 주관과 객관을 분리하고는 그 객관에 끌려서 정신 못 차리고 살지 않나?

이 사람아, 그 객관이라는 것이 티 때문에 생긴 헛꽃과 무엇이 다르겠는가? 일체의 대상이 이렇게 마음에서 연기된 것이라 空하다는 것만 알면 더이상 허상에 속지 않을 걸세.

그리고 허상에 속지 않으면 무명도 버릴 게 없고 주객主客도 버릴 게 없이 지금 자네 그 모습, 그 마음 그대로 부처라네."

〈군소리〉

여기서 잠시 짚고 넘어갈 것은 과연 진실한 마음[眞心], 본래 깨끗한 마음[自性淸淨心], 우주적 마음[山河大地心], 있는 그대로의 참된 마음[眞如心], 불성…… 등으로 표현되는 환하고 밝은 마음, 허공과 같이 본래 물들지 않는 마음이 과연 존재하는가? 하는 점이다.

부파불교의 하나인 유부有部의 존재론에서는 그런 것을 인정하지 않는다. 마음은 선한 조건[善法]이 일어나면 선한 마음이 되고, 악법惡法이 결부되면 악한 마음이 되면서 흘러가는 것으로 이해한다.

그리나 대승불교에서는 출렁대는 마음[生滅心] 깊은 곳에 '진짜 마음'[眞如心]이라고 할 만한 것이 있다고 간주하고, 그 마음을 확인하는 선적 체험이 존재한다고 본다. 그리고 부파불교 중에서 대중부가 전승한 전통 속에서는 붓다의 말을 근거로 '본래 깨끗한 마음'의 존재를 인정하기도 한다.

무엇보다도 중국 대승불교와 선불교 전통 속에서 실제로 그것을 체험한(그것을 '자성'이라고 한다) 무수한 선지식들이 존재해왔다고 생각한다. 여기서 주의해야 할 점은 그러한 '마음'의 존재가 불교의 비실체론을 부정하는 것이어서는 안 된다는 사실이다.

인간의 내면에 '본래 깨끗한 마음'이 보석같이 버티고 있는 것은 아니다.

菩提薩陀 依般若波羅蜜多故 心無罣碍

보리살타 의반야바라밀다고 심무가애

[직역] 보살은 반야바라밀다에 의지하기 때문에 마음에 거리낌이 없고

보리살타는 산스크리트어 bodhisattva(보디사트바)의 충실한 음역이다. 보살이 바로 보리살타이다. 깨달은(bodhi) 중생(sattva, 有情, 衆生)이라는 말이다(유정은 아직 미망[情]이 있는[有] 존재라는 뜻이다). 앞에서 관자재보살이라고 할 때는 '보살'이라고 했고, 여기서는 '보리살타'로 썼다. 쓰는 사람 마음이다. 깨달은(bodhi) 이를 그냥 buddha(부처)라고 하면 될 텐데 왜 복잡하게 bodhi 뒤에 sattva(중생)를 붙이는가?

〈화엄경〉에는 부처와 중생과 마음은 같다는 말이 있다. 다 같은 중생인데 부처는 마음의 눈을 뜬 중생이라는 것이다.

마음에 거리낌이 있는 것은 분별하는 습성 때문이다. 고와 낙이 다르고, 얻는 것과 잃는 것의 차이가 크고, 또한 사는 것과 죽는 것이 현격하게 다르기 때문에 좋은 것을 취하고, 싫은 것을 피하기 위해 전전긍긍 종살이를 면치 못하는 것이다. 그것은 세상의 차별적인 모습이 전부라고 생각해서 무차별한 세계[實相]를 모르기 때문이다.

空의 진실을 깨치게 되면 모든 차별을 하나도 손상시키지 않은 채 무차별의 절대 평등을 경험하게 된다. 이 세상의 차별적인 모습은 중생의 미망이 투사된 것이다.

無罣碍故 無有恐怖 遠離顚倒夢想 究竟涅槃

무가애고 무유공포 원리전도몽상 구경열반

[직역] 거리낌이 없으므로 두려움이 없고, 뒤바뀌고 꿈결 같은 생각을 멀리 떠나 마침내 열반에 안주한다.

먼저 도해道楷 선사의 시를 감상해보자.

吾年七十六(오년칠십육) 내 나이 일흔 여섯
世緣今已足(세연금이족) 이제 세상 인연도 다 했네
生不愛天堂(생불애천당) 살아서는 천당을 좋아하지 않고
死不怕地獄(사불파지옥) 죽어서는 지옥이 무섭지 않네

정도 차이가 있지만 우리는 모두 죽음과 애착하는 것의 상실과 실패와 고통을 두려워하거나 그 두려움을 감추며 살고 있다. 거리끼는 게 있고 두려운 게 있으면 삶이 위축된다.

보시에는 재시(財施, 재물 보시), 법시(法施, 진리로서 보시함), 그리고 무외시(無畏施, 두려움을 없애주는 보시)가 있다. 경우에 따라 다르겠지만 이 가운데 재시가 그나마 쉽고, 법시가 다음이고, 무외시가 가장 어렵다. 진리를 완전히 깨닫지 못했을지라도 그것을 언어와 문자로 전달하는 역할, 즉 법시는 할 수 있지만 무외시는 그만한 법력이 뒷받침되어야 한다.

다음은 붓다와 바라드바자의 대화 내용이다.

> 바라드바자 : 고타마께서는 바후카 강에 목욕하러 가십니까?
>
> 붓다 : 브라만이여, 바후카 강에는 어떤 공덕이 있는가?
>
> 바라드바자 : 고타마시여, 바후카 강은 많은 사람들이 신성하다고 믿고 있습니다. 사람들은 그들의 악업을 바후카 강에서 씻어냅니다.
>
> 붓다 : 브라만이여, 나의 법과 계율에 목욕하면 모든 존재가 안락을 얻을 것이다. 만일 그대가 거짓말을 하지 않고, 살생하지 않고…… 도둑질하지 않는다면, 또 그대가 확신에 차 있고 비굴하지 않다면 무엇 때문에 바후카 강에 가야 한단 말인가. 그대 집에 있는 우물 또한 그 물과 다를 바 없지 않은가…….

두려움이란 내면의 빈곤에서 비롯되는 것이다. 자신의 적은 자신밖에 없다. 《티베트 사자의 서》에 의하면 중음 기간에 겪는 야마(Yama, 염라대왕)에 대한 두려움도 자신의 죄의식일 뿐이라고 한다.

뒤바뀌고 꿈결 같은 생각[顚倒夢想]이란 무엇인가?

'뒤바뀌었다[顚倒]'는 것은 진실과는 반대로 생각하는 것을 말한다. 대표적인 네 가지 도착된 견해가 소위 '상락아정常樂我淨'이다. 세상의 모든 것이 순간순간 변화[無常]해가는데도 오히려 영원하고 변치 않는 것[常]이 있다고 여기는 것이 뒤바뀐 생각이고, 무명에 덮여 끝없이 삼계를 유랑하는 괴로움[苦]을 겪으면서도, 눈앞의 감각적 쾌락에 빠져 삶은 즐거운 것[樂]이라고 보는 것이 뒤바뀐 생각이고, 불변하는 내가 없고 영속적인 존재가 없는데도[無我] '내[我]'가 존재한다고 집착하는 것이 뒤바뀐 생각이며, 욕계欲界의 삶이란 것이 결코 청정한 것이 아닌데도[不淨] 깨끗하다[淨]고 믿는 것이 또 뒤바뀐 생각이다. 그리고 '꿈결 같은 생각'은 空한 실상을 보지 못해서, 자기의 업식에 비친 세상이 전부라는 그릇된 견해를 가리킨다.

空의 지혜에 의지하여 이러한 미망을 벗어나는 것이 바로 열반이다.

그렇다면 열반이란 어떤 것인가? 여러 가지 정의가 있지만 간단하게 한마디로 요약하면, '모든 괴로움의 종식'이다. 모든 괴로움이 사라진다는 것은 즐거움뿐이라는 의미이다. 괴로움이 1퍼센트도 섞이지 않은 순도 백 퍼센트 즐거움이 바로 열반이다.

여기 사리불(Śariputra)과 우다이(Udāy)라는 비구의 대화가 있다.

사리불 : 오, 도반이여, 열반은 즐거움이다. 열반이야말로 즐거움이다.

우다이 : 그러나, 사리불이여, 열반은 느낌[受]으로부터 초연한 것인데, 어떻게 즐겁다고 말할 수 있습니까?

사리불 : 느낌[受]으로부터 초연한 것, 그것이 참된 즐거움이다.

느낌으로부터 초연하다는 것은 물론 식은 재나 찬 바윗덩어리처럼 무감각하다는 말이 아니라 감각에 대해 마음이 동요되지 않고, 따라서 번뇌가 일어나지 않는다는 것이다.

초기 경전에 묘사된 우다이는 바람둥이 기질이 있는데다가 좀 경박한 사람이었던 것 같다. 그래서 붓다로부터 걱정도 많이 들었다. 그러다가 나중에 철이 들면서 붓다 옆에서 좌선을 하다가 비로소 마음이 고요해지면서 잔잔한 행복감을 맛보게 되었다.

좌선을 끝내고 우다이는 붓다에게 나아가 그 심경을 고했다.

……(전략) 지금 저의 마음은 기쁨으로 충만합니다. 바른 생각

(正思惟)과 바른 지혜(正慧)가 얼마나 우리들의 마음을 즐겁게 하는가를 알게 되었습니다. 인간에게 이와 같은 기쁨이 있다는 것을 오늘 비로소 알았습니다…….

우다이가 변한 것을 보고 붓다는 기뻤다.

"우다이여, 이제 알았는가? 출가하여 도를 즐기는 것보다 더한 즐거움이 없다는 것을."

만트라

三世諸佛 依般若波羅密多 故得阿耨多羅三藐三菩提

삼세제불 의반야바라밀다 고득아뇩다라삼먁삼보리

故知 般若波羅密多 是大神呪 是大明呪 是無上呪

고지 반야바라밀다 시대신주 시대명주 시무상주

是無等等呪 能除一切苦 眞實不虛

시무등등주 능제일체고 진실불허

故說 般若波羅蜜多呪 卽說呪曰,

고설 반야바라밀다주 즉설주왈

揭諦 揭諦 波羅揭諦 波羅僧揭諦 菩提 娑婆訶

아제 아제 바라아제 바라승아제 모지 사바하

[직역] 과거 현재 미래의 모든 부처님들도 반야바라밀다(空을 깨친 지혜)를 통해 아뇩다라삼먁삼보리(완전한 깨달음)를 얻느니라. 그러므로 알라. 반야바라밀다는 크게 신령스러운 주문이며, 크게 밝은 주문이며, 위가 없는 주문이며, 견줄 데가 없는 주문으로서 모든 괴로움을 없애고 진실하여 헛되지 않느니라. 그리하여 반야바라밀다의 주를 설하노라. 주를 설하나니, 아제 아제 바라아제 바라승아제 모지 사바하.

三世諸佛

삼 세 제 불

[직역] 과거 현재 미래의 모든 부처님들도

〈금강경〉에는 "이른바 불교(의 진리)는 불교(의 진리)가 아니고, 그 이름이 불교(의 진리)다[所謂佛法者 卽非佛法 是名佛法]"라는 말이 있다.

궁극적 실재(Ultimate Reality) 혹은 최고의 진리(Supreme Truth)는 둘일 수가 없다. 너와 나의 진리가 다를 수가 없고, 기독교와 불교의 진리가 다를 수도 없다. 그것을 표현하는 말이나 체험 과정은 다를 수 있지만, 백천百千의 강이 결국엔 바다로 흘러들어 한 맛이 되듯이 진리는 보편적이며 하나이다.

인류의 지혜가 (아직도 미흡하지만) 다양한 종교적 현상을 종적인 우열의 관계가 아니라 횡적인 '서로 다름'으로 이해하기 시작했다. 그러나 그 다름이 겉모습에 불과하다는 것을 동의하는 데까지는 이르지 못한 것 같다.

붓다는 진리를 '발견한' 사람이지 '창안한' 사람이 아니다. 그래서 그는 자신이 깨달은 진리가 "여래가 세상에 오든 오지 않든 늘 존재하는 것[決定性]"이요, "누구에게나 개방되어 있음[普遍性]"을 분명히 했다.

자신을 따르는 집단의 공부를 위해 교단을 만들고 계율을 정했지만 그 집단만이 진리를 독점한다는 생각도 없었고, 아예 (요즘 말로 하면) 교파 의식 자체가 없었다. 그래서 설법할 때도 "훌륭한 사문沙門과 바라문婆羅門들은 어떠어떠하게 생각하고 행동한다"는 식으로 말했다.

사문(sramana)이란 일정한 거처가 없이 떠도는 수행자들을 가리키는 일반명사이고, 바라문(brahman)은 인도 카스트에서 최상위를 점하고 있는 계급을 가리키는 말이다. 다시 말해서 자신의 제자들을 다른 집단과 구분해서 지칭하는 명칭이 따로 없었던 것이다.

당시 자이나교 창시자였던 바르다마나(Vardhamana)의 재가 제자인 시하(Siha) 장군이 연기에 대한 붓다의 설법을 듣고 감명을 받아서 제자가 되고자 했을 때 붓다는 그를 자이나 교주에게 돌려보낸다.

"바르다마나는 입을 것과 먹을 것을 그대에게 의존하지 않는가? 진리를 알았으면 그만이지 어디에 있든 무슨 상관인가?"

그래서 '불교는 불교가 아니다'는 역설이 가능한 것이다.

당시 풍토에서 붓다의 교단은 다른 여러 교단과 마찬가지로 '진리를 추구하는 수행자'들의 집단 중의 하나였을 뿐이다. 진리는 언제나 존재해왔고, 누구나 그것을 볼 수 있기 때문에 과거 현재 미래를 막론하고 언제 어디서나 부처는 존재할 수 있는 것이다.

'모든 부처[諸佛]'의 부처[佛]는 현인賢人이나 성자聖者와 같은 일반명사로서 '진리를 깨친 이[覺者]'를 의미할 뿐이다. 실제로 대승불교에서 말하는 연각승緣覺乘이나 독각승獨覺乘은 불교 밖에서 진리를 깨달은 이들을 가리키는 말이다.

依般若波羅密多 故得阿耨多羅三藐三菩提

의반야바라밀다 고득아뇩다라삼먁삼보리

[직역] 반야바라밀다[空을 깨친 지혜]를 통해 아뇩다라삼먁삼보리[완전한 깨달음]를 얻느니라.

'아뇩다라삼먁삼보리'의 원어는 anuttarā-samyak-saṃbodhi이다. 잘라서 분석해보자.

anuttarā(阿耨多羅) : an(부정) + uttarā(위) = 위가 없는(unsurpassed, supreme) → 무상無上

samyak(三藐) : 평등한(same, identical), 혹은 바른(right, true), 완전한(complete) → 정등正等

saṃbodhi(三菩提) = 완전한 깨달음(perfect enlightenment), 혹은 깨달음(enlightenment) → 정각正覺

보는 바와 같이 samyak과 saṃbodhi에 대해서는 두 가지 견해가 있으므로 조합하면,

① The unsurpassed(無上), equally(正等) perfect enlightenment(正覺)

② The unsurpassed(無上) perfect(正等) enlightenment(正覺)

①의 경우, '정등(正等=samyak)'의 의미는 '모든 부처들이 똑같이 얻은' 깨달음이라는 뜻이 있다. 그래서 한자어 '같을 등[等]'의 의미를 살리면 아뇩다라삼먁삼보리는 '최상의[無上] 평등하고[正等] 완전한 깨달음[正覺]'이 된다.

부처의 열 가지 이름[十號] 중에 '정변지(正遍知 : 바르게 두루 아는 분)'가 있고, '천인사(天人師 : 인간과 천신들의 스승)'도 있다. 여기서 천天은 욕계천欲界天과 색계천色界天, 무색계천無色界天의 모든 중생들을 가리킨다.

불교에서는 삼계의 천신天神들도 윤회를 벗어나지 못한 중생일 뿐이다. 붓다의 깨달음은 모든 존재의 근거지인 삼계에서 가장 높고 완전하기 때문에 붓다를 삼계의 대도사(大導師 : 위대한 스승)라고 한다.

아무튼 과거 현재 미래의 모든 스승과 성현들은 모두 '空을 보는 지혜'를 통해 완전한 깨달음에 이른다는 말이다. 불교에서는 '空을 보는 지혜'라고 하지만 다른 전통에서는 다르게 표현될 것이다.

故知 般若波羅密多 是大神呪 是大明呪 是無上呪

고지 반야바라밀다 시대신주 시대명주 시무상주

是無等等呪 能除一切苦 眞實不虛

시무등등주 능제일체고 진실불허

[직역] 그러므로 알라. 반야바라밀다는 크게 신령스러운 주문이며, 크게 밝은 주문이며, 위가 없는 주문이며, 견줄 데가 없는 주문으로서 모든 괴로움을 없애고 진실하여 헛되지 않느니라.

그런데 '……반야바라밀다般若波羅密多 시대신주是大神呪……'를 문자 그대로 번역하면 시是가 주격조사이므로 반야바라밀다(prajñāpāramitā, '저 언덕으로 건너가는 空의 지혜')가 대신주('크게 신령스러운 주문')이며……가 된다. 空의 지혜가 주문, 즉 만트라(mantra)라는 말이 되므로 논란의 여지가 있다. 최근 이 문제에 대한 오랜 논란이 다시 점화되었는데, 내가 원문을 상고해볼 때 현장법사의 번역에 오해의 소지가 있는 것 같다.

이 부분의 원문은 '……prajñāpāramitāyām ukto mantraḥ……'

인데 prajñāpāramitāyām은 prajñāpāramitā의 처소격 단수고, ukto(uktah)는 vac(to speak)의 과거분사이다. 번역하면 '반야바라밀다에서 말해진 만트라'가 된다. 처소격을 좀 융통성 있게 풀면, '반야바라밀다의 상태(in the state of)에서 설說해진'이 된다. 자야라바(Jayarava)가 《Visible Mantra》(p. 76)에서 분석한 견해도 같다.

도입부에서 '반야바라밀다'는 '저 언덕, 즉 깨달음에 이르는 지혜'이며, 그 지혜의 핵심은 '空의 통찰'임을 밝혔다. 이 空의 지혜로 발하는 만트라가 바로 크게 신령스러운 주문[大神呪]이며, 크게 밝은 주문[大明呪]이요, 위가 없는 주문[無上呪]이며, 견줄 것이 없는 주문[無等等呪]이라고 말한다. 空을 통찰하는 지혜가 모든 고통을 소멸시키니[能除一切苦], 이 지혜야말로 참되고 허망하지 않는 것[眞實不虛]이다.

여기서 주呪를 수식하는 대신大神, 대명大明, 무상無上, 무등등無等等의 의미와 그 차이를 규명하는 것은 지나치게 현학적이라는 핀잔을 들을 것 같다. 그보다는 주呪, 혹은 주문呪文이라는 것이 여기서 왜 나오고, 또 주문이 불교에서 어떤 위상을 가지고 있는가 생각해보는 편이 나을 것이다.

여기서 주呪(文)는 산스크리트어로 만트라(mantra), 혹은 다라니(dhārani)를 가리킨다.

나는 이 분야를 전공할 기회가 있었지만 철학 쪽으로 관심을 돌렸기 때문에 만트라에 대해서는 일반적인 견해를 제시할 수밖에 없다. 불교가 철학적이고 합리적인 가르침이기는 하지만 합리로는 다 담을 수 없는 신비의 영역이 또한 없을 수 없기 때문에 좁은 소견으로 섣불리 만트라를 미신으로 평가절하해서는 안 된다는, 그저 그런 말밖에는 할 수가 없다.

실제로 붓다 자신이 드물게 (뱀에 물리지 않는 효력이 있는) 만트라를 사용했고, 제자들에게도 권했다는 기록이 있다.

故說 般若波羅蜜多呪 卽說呪曰, 揭諦 揭諦 波羅揭諦
고설 반야바라밀다주 즉설주왈 아제 아제 바라아제

波羅僧揭諦 菩提 娑婆訶
바라승아제 모지 사바하

[직역] 그리하여 반야바라밀다의 주를 설하노라. 주를 설하나니, 아제 아제 바라아제 바라승아제 모지 사바하

'아제 아제 바라아제 바라승아제 모지 사바하'는 만트라[呪

文]다.

산스크리트 원어는 gate gate pāragate pārasaṃgate bodhi svāha인데, 알다시피 주문이나 다라니는 번역하지 않는다. '생각'이나 '개념'은 실상을 가리고 오도誤導할 수가 있기 때문이다.

1부에서 강조했듯이 모든 수행은 생각이 끊어진 삼매를 지향한다. 따라서 주문은 이것저것 따지지 말고 그냥 염송하면 된다. 어떤 분은 산스크리트 원어와 발음이 많이 틀리기 때문에 가급적 가깝게, 즉 "가테 가테 파라가테 파라삼가테 보디 스바하"로 하는 게 더 낫다고 하는데 과연 더 나을지 의문이다.

어떤 분이 〈신묘장구대다라니〉(다라니가 산스크리트어 → 한문 → 우리말로 옮겨졌기 때문에 우리말만으로는 '무의미한 소리'들로 가득 차 있다)를 늘 '얼음에 박 밀듯이' 외었는데, 과연 영험이 있었다(이 세상은 모두 한마음의 전개요, 작용이라 영험이 없을 수 없다). 그래서 더욱 열심히 외게 되었는데, 어떤 스님이 그것을 듣고 잘못된 부분을 지적한 후에는 그 부분을 욀 때마다 틀리지 않으려고 조심하다가 영험이고 뭐고 다 사라졌다는 이야기를 들었다.

영험은 삼매에서 오는 것이지 '언어의 정확성'에서 오는 것이 아니다.

주문은 해석하지 않는 것이 원칙이지만 완전하게 무의미한 단어의 조합일 수는 없기 때문에 근접한 해석을 시도해보자. 산스크리트어 문법책과 사전을 펴놓고 옛 기억을 더듬어본다.

산스크리트 문법은 복잡하기로 악명이 높다. 이 언어는 브라만들의 제사의식에서 신神에게 하는 말로서 특별한 엄밀성이 요구되었을 것이다.

gate의 의미를 확정하려면 문법적으로 태(態, voice)와 법(法, mood)과 시제(時制, tense)와 수(數, number)를 정확하게 알아야 하는데, 워낙 복잡하고 예외가 많기 때문에 현재로서는 추정으로 만족할 수밖에 없다.

1. '가다'는 뜻의 'gam'이 어근인 것은 분명한 것 같다(1종 활용동사). 그런데 gam은 발로 걸어서 가는 것도 되지만 '앞으로 나아가다'는 비유적 표현으로 '전진하다' 혹은 '정진하다', '노력하다'는 뜻으로 읽을 수 있다(이 대목이 중요하다고 나는 본다).

2. 산스크리트 문법의 일반적 사례로 보아 gate는 현재형, 단수, 직설법(Indicative)으로 보인다. 동사의 여러 사례를 조사했는데 어미가 'e'로 끝나는 동사의 변형이 명령법(Imperative)이나 원망법(願望法, Optative)일 가능성은 크지 않다.

3. 동사의 태(態, voice)에는 능동태(Active), 수동태(Passive)와 반사태(反射態, Middle)라는 것이 하나 더 있다. 반사태는 행위자 자신을 위해 하는 동작인데, 어미가 대체로 'e'로 끝나기 때문에 gate도 반사태일 가능성이 크다. 번역하자면, "나는 정진하네 (나의 해탈을 위해)"가 근접할 것이다.

많은 경우, 'gate gate'를 '가자, 가자'로 번역하는데, 명령법(Let's go)이 아닌 반사태로 이해한다면 크게 틀린 번역은 아닐 것이다. 어떤 역본은 '가는 이(one who goes)여!'로 번역하는데 그렇게 되려면 'gatako!'가 되어야 하므로 문제가 있는 것 같다.

다음, pāra gate에서 pāra는 pāramitā와 같이 '저 멀리' 혹은 '저 언덕으로' 혹은 '건너편으로'가 되는데 이것은 물론 자유의 땅, 깨달음의 영토를 의미한다. 그래서 '저 언덕으로 가네(깨달음을 위해 정진하네)' 혹은 '저 언덕으로 가자'가 된다.

pāra saṃgate에서 saṃgate는 saṃ(함께, 더불어) + gate(가네, 혹은 가자)가 되어 붙이면 '저 언덕으로 함께 가네' 혹은 '저 언덕으로 함께 가자(깨달음을 위해 함께 정진하네)'가 된다.

bodhi svāhā에서 bodhi는 깨달음이고 svāhā는 감탄사이다. 그래서 '오 空의 지혜여!' 혹은 '오 깨달음이여!' 정도로 해석할 수 있겠다.

찾아보기

수인 총서 1

空
반야심경 읽기

초판 1쇄 펴냄 2019년 10월 24일
초판 3쇄 펴냄 2022년 5월 20일

지은이 서정형
펴낸이 전계림
표지디자인 서정형

펴낸곳 도서출판 공감과 소통
등록 제2020-000120호
주소 10378 경기도 고양시 일산서구 주엽로 161, 803-601
전화 031. 942. 9472
팩스 031. 624. 9593
이메일 gongsotong@naver.com
블로그 blog.naver.com/gongsotong

ISBN 979-11-967861-0-6 (03150)